DESBONNET

GRANDE

QUESTION DU MOMENT

PARIS

IMPRIMERIE ADMINISTRATIVE DE PAUL DUPONT
41, RUE J.-J.-ROUSSEAU (HÔTEL DES FERMES)

—

1870

CHEMIN DE FER D'ORLÉANS A ROUEN

GARE

DANS LA BASSE VILLE

DE CHARTRES

GRANDE

QUESTION DU MOMENT

Par M. DESBONNET

PARIS

IMPRIMERIE ADMINISTRATIVE DE PAUL DUPONT

RUE JEAN-JACQUES-ROUSSEAU, 41.

1870

36520

(C.)

PRÉFACE

En livrant ce livre au public chartrain, mon intention n'est pas le moins du monde de faire le malin. Non, après comme avant, je resterai le même. Je ne suis d'ailleurs pas certain de son succès, et dussé-je l'obtenir, il ne saurait être que de courte durée, puisque c'est une question purement et simplement d'**intérêt local** que je traite à propos du chemin de fer d'Orléans à Rouen.

Y aura-t-il ou n'y aura-t-il pas une gare dans la ville basse de Chartres ? et où sera-t-elle placée ?

Telle est la grande question du moment.

Je n'ai qu'un but en l'abordant, c'est d'essayer d'être utile à tous ceux qu'elle préoccupe à juste titre, et notamment à toute cette population productive, méritante et laborieuse de la basse ville. Mon plan est très-clair: il comprend trois périodes distinctes ; aussi tâcherai-je d'exposer avec clarté les faits tels qu'ils se sont déroulés, accomplis depuis le jour ou cette question est pendante, en les faisant précéder ou suivre de réflexions, de commentaires, d'observations et de lettres en rapport avec les pièces que je placerai sous les yeux du lecteur, et tout cela par demandes et par réponses. Cette méthode que j'ai adoptée, en même temps qu'elle est simple, a l'avantage de faire beaucoup mieux comprendre les choses et de les graver plus fortement dans la mémoire. D'ailleurs, j'abandonne aux lecteurs le soin de l'apprécier.

PREMIÈRE PÉRIODE

D. De quoi est-il question d'abord ?

R. Il est question d'une ligne de chemin de fer d'Orléans à Rouen devant passer par ou près Chartres.

D. Et après ?

R. De savoir s'il y aura ou s'il n'y aura pas une gare à proximité de la basse ville.

D. Mais que faut-il pour bien juger une question ?

R. Il faut avoir sous les yeux tous les documents indispensables, essentiels aux choses sur lesquels notre jugement doit se porter.

D. Cela suffit-il ?

R. Il faut encore ou pouvoir ou vouloir les comprendre.

D. Dans la question qui nous occupe, quels sont ces documents ?

R. Ce sont principalement les délibérations du Conseil municipal, les conséquences qui en ont été tirées, les réflexions, les appréciations et les réfutations dont elles ont été l'objet.

D. Combien de délibérations y a-t-il ?

R. Il y en a trois : $\left\{\begin{array}{l}\text{celle du 25 janvier} \\ \text{celle du 22 février} \\ \text{celle du 24 mars}\end{array}\right\}$ 1870.

D. Pouvez-vous me faire connaître la première délibération ?

R. Très-volontiers, la voici :

CONSEIL MUNICIPAL DE CHARTRES

Séance du 25 janvier 1870.

Le Conseil :

Vu le plan parcellaire des superficies de terrains à acquérir sur la commune de Chartres pour l'exécution du chemin de fer d'intérêt local d'Orléans à Rouen ;

Vu les pétitions présentées tant par les habitants de Beaulieu, du Puits-Drouet, de Saint-Chéron, du faubourg la Grappe et des quartiers de la ville basse, que par ceux de dix-neuf communes des cantons de Chartres sud, d'Auneau et de Voves ;

Considérant que l'établissement de la gare du chemin de fer de l'Ouest, à une extrémité presque opposée de la ville, a déjà causé un préjudice très-considérable aux quartiers situés près des portes Guillaume et Morard, en déplaçant au profit de la haute ville une grande partie des industries et du commerce que possédaient ces quartiers, et en causant une dépréciation très-sensible dans la valeur des propriétés ;

Considérant que les nombreux établissements qui existent encore dans les quartiers susdits ainsi que dans le faubourg Saint-Brice et la rue Saint-Michel, doivent une notable partie de leur clientèle à leur position aux abords des routes de Paris, d'Étampes, d'Angerville, d'Orléans et d'Orgères, qui en même temps qu'elles traversent les communes voisines, amènent sur nos marchés les habitants des communes plus éloignées, des cantons de Chartres, d'Auneau et de Voves, et que ces établissements se verraient complétement ruinés s'il n'était donné satisfaction à leurs intérêts, par le rapprochement vers la ville du tracé de la nouvelle voie et l'établissement d'une gare aux abords du chemin de grande communication n° 7 ;

Considérant qu'il est impossible de mettre les habitants dans une situation telle que venant de Voves par la voie ferrée et ayant passé près de leurs habitations, ils aient encore à parcourir un long circuit de trois kilomètres pour atteindre la gare de l'Ouest, et deux kilomètres pour revenir de cette gare chez eux ;

Considérant qu'il est nécessaire que la gare dont la création est sollicitée, soit placée le plus près possible de la ville, et que, moyennant un rapprochement de quatre cents mètres, et en la plaçant sur la route de Chartres à Étampes on donnerait satisfaction à tous les intérêts lésés, que cette station pourrait même plus tard, faciliter le raccordement à la ligne d'Orléans à Rouen ;

Considérant qu'aucune difficulté sérieuse ne s'oppose à cette modification du tracé, et que la Compagnie y trouverait même une économie de construction, en ce que les terrains qui seraient alors traversés sont d'une valeur bien inférieure à celle de terrains sur lesquels le tracé actuel est établi,

Par ces motifs, déclare qu'il y a lieu d'insister auprès de la Compagnie pour que le tracé soit modifié dans le sens indiqué par les pétitions susvisées.

D. Comment trouvez-vous cette délibération ?
R. Je la trouve bien.

D. Pourquoi ?

R. Pour deux raisons :

1° Parce qu'elle reconnaît le préjudice considérable que la gare de l'Ouest, située à l'extrémité opposée de la ville, a causé aux quartiers des portes Morard et Guillaume, en déplaçant, au profit de la haute ville, le courant des affaires et en causant une dépréciation très-sensible dans la valeur de ses propriétés.

2° Parce que, en déclarant **l'utilité** d'une gare à proximité de la basse ville, le Conseil municipal a voulu ce jour-là accomplir envers cette même basse ville un acte de réparation et de justice distributive.

D. Les habitants de la basse ville se sont-ils montrés satisfaits de cette délibération ?

R. Oui, très-satisfaits.

D. Cette satisfaction devait-elle être durable ?

R. Hélas ! non.

D. Pourquoi ?

R. Parce que le Conseil municipal a changé complétement d'avis, et que, le 22 février suivant, il est venu, par une autre délibération, défaire tout ce qu'il avait si bien fait le 25 janvier précédent.

D. Est-ce possible ?

R. Malheureusement oui.

D. Quelle a été la cause principale de ce revirement ?

R. La cause principale est qu'on s'est attaché à défendre certains intérêts particuliers, de préférence aux intérêts généraux.

D. Enfin, comment est-elle conçue cette seconde délibération ?

R. Tout à l'opposé de l'autre.

D. Peut-on la connaître ?

R. Pourquoi pas ?

———

DEUXIÈME PÉRIODE

CONSEIL MUNICIPAL DE CHARTRES

Délibération du 22 février 1870.

Le Conseil municipal de Chartres :

Vu sa délibération du 13 août 1868, par laquelle il a voté une subvention de 100,000 francs au profit de la ligne du chemin de fer d'Orléans à Rouen ;

Vu l'acte de concession de cette ligne ;

Considérant que, d'après un premier tracé soumis à l'enquête, les deux lignes devaient confondre leurs voies sur la commune de Lèves, de manière à réunir en une seule gare, celle actuelle de l'Ouest, le service des voyageurs, et à faciliter le transbordement des marchandises, d'une ligne à l'autre, par la construction d'une gare de marchandises voisine de celle de l'Ouest ;

Considérant que des études se poursuivent en ce moment, à l'effet d'établir pour la ligne de Rouen à Orléans une gare spéciale à 1,500 mètres au moins de celle de l'Ouest, entre le chemin nº 5 de Chartres à Maintenon et la route impériale nº 188 de Chartres à Paris; que le tracé à l'étude paraît devoir traverser à niveau la route d'Angerville, la rue Saint-Barthélemy, la route d'Ablis, la rue Croix-Thibault, le chemin de grande communication nº 5, la rue de la Barre-des-Prés, la route impériale nº 10 et la rue du Pélican ;

Considérant que cette combinaison, si elle était adoptée, serait de nature à compromettre de la manière la plus sérieuse les intérêts que la nouvelle voie de fer est appelée à desservir, et à rendre presque illusoire les avantages en vue desquels le département et la ville ont consenti des subventions considérables, en même temps qu'elle léserait de la manière la plus grave les intérêts de la ville de Chartres ;

Considérant, en effet, au point de vue général de la facilité des communications, qu'il est impossible d'admettre que les voyageurs provenant des stations desservies par la ligne de Rouen à Orléans et à destination de Paris, ou des contrées desservies par la ligne de l'Ouest, soient déposés, eux et leurs bagages, à deux kilomètres de la gare de départ ; qu'il en résulterait pour eux des pertes de temps et des dépenses considérables, et que même ces embarras et ces frais seraient de nature à détourner du passage à Chartres certains voyageurs de stations intermédiaires qui se dirigeraient de préférence vers Paris par les lignes de Voves et de Dreux à Paris ;

Considérant qu'au point de vue du trafic des marchandises les inconvénients de la double gare seraient bien plus graves encore ; que le transport des marchandises partant d'une station de l'une des deux lignes en destination d'une station de l'autre ligne seraient grevés de frais importants, s'il devenait nécessaire de les transporter d'une gare à l'autre par des trains spéciaux ; que ce service onéreux pour les Compagnies serait entièrement préjudiciable au commerce par les dépenses et les retards qu'il occasionnerait dans le service, et aurait pour conséquence de détourner une partie du trafic par les voies concurrentes de Voves ou de Dreux à Paris ; qu'il est impossible d'admettre notamment que les bois, les briques ou les chaux de Châteauneuf ou de Senonches soient astreints inutilement et à grands frais à des parcours supplémentaires de quatre kilomètres ;

Considérant, au point de vue spécial des intérêts de la ville de Chartres, que le **clos l'Evêque**, point où la nouvelle gare serait établie, est à une grande distance du centre de la ville ; que pour y accéder, les voyageurs et les marchandises seraient astreints à descendre les pentes de la Couronne ou de la Courtille pour remonter à la gare par des routes à rampes rapides ;

Considérant que la voie projetée, en traversant à niveau et près de leur point de départ de Chartres toutes les rues et routes depuis celle d'Angerville jusqu'au clos Saint-Jean, en séparant par une espèce de barrière continue la ville de ses faubourgs de Saint-Chéron, des Filles-Dieu, de la Barre-des-Prés, du Bourg-Neuf, entraînerait une dépréciation notable, considérable, de toutes les propriétés situées au delà de cette barrière, et entraverait de la manière la plus regrettable les communications de la ville avec des groupes importants d'habitations ;

Considérant que la ville pourrait même se regarder comme déliée de la promesse qu'elle a faite de contribuer à la construction d'un chemin qui blesserait ses intérêts d'une manière aussi sérieuse ;

Considérant que ce projet de tracé s'imposerait à la Compagnie d'Orléans à Rouen par suite des exigences exagérées de la Compagnie de l'Ouest, exigences telles que la Compagnie d'intérêt local ne pourrait y souscrire sans aller au-devant d'une ruine certaine ;

Que ces prétentions de la Compagnie de l'Ouest se comprennent d'autant moins que son trafic propre ne peut que bénéficier, dans une large mesure, de toutes les facilités qu'elle donnerait au transbordement d'une ligne à l'autre des voyageurs et des marchandises.

Considérant qu'au moyen de l'établissement par la Compagnie d'Orléans à Rouen d'une gare spéciale dans le voisinage de celle de l'Ouest pour la formation de ses trains, les trains de la nouvelle ligne ne feraient que traverser la gare actuelle et n'y stationneraient que le temps nécessaire pour le service des voyageurs ;

Considérant que les exigences exagérées des grandes Compagnies auraient pour résultat certain de rendre illusoire ou impossible la création des chemins de fer d'intérêts locaux pour lesquels les départements s'imposent de si lourds sacrifices ;

Par ces motifs et sans attendre l'enquête qui serait ouverte et dans laquelle le Conseil se réserve, s'il y a lieu, de protester de la manière la plus énergique,

Le Conseil prie le Conseil général et M. le Préfet d'Eure-et-Loir d'insister auprès de S. Exc. le Ministre des travaux publics pour qu'il veuille bien intervenir, afin que la nouvelle Compagnie d'intérêt local obtienne l'usage de la gare de l'Ouest, soit en calculant la redevance d'après le tonnage relatif des deux Compagnies, soit d'après le nombre de leurs trains ou de quelque autre manière que ce soit qui concilierait équitablement les intérêts, et aurait pour effet d'écarter une combinaison aussi préjudiciable aux intérêts de la ville et du département.

D. Eh bien ! qu'éprouvez-vous à la lecture de cette délibération ?

R. J'éprouve une très-pénible impression.

D. Pourquoi ?

R. Parce que, dès ce jour, les intérêts de la basse ville paraissent être sacrifiés totalement aux intérêts de la haute ville, et que, dans tout le cours de la délibération, il n'est pas même fait mention une seule fois du mot : *basse ville.*

D. Que contient cette délibération ?

R. Elle contient onze considérants tendant tous à rejeter, d'une manière absolue, le projet d'une gare dans la basse ville.

D. Permettez, les membres du Conseil municipal ont-ils eu connaissance de ces considérants et les ont-ils approuvés ?

R. Il paraîtrait qu'ils n'en auraient nullement eu connaissance, et partant ils n'ont pu les approuver. Voici, du reste, comment les choses se seraient passées de l'aveu même de la plupart des Conseillers municipaux :

Le Conseil général devait se réunir en session extraordinaire à propos des chemins de fer d'intérêts locaux ; le Conseil municipal en profita pour traiter à nouveau l'*opportunité* d'une gare dans la basse ville. La question, après une courte discussion, aurait été cette fois-ci résolue négativement. Quelques membres auraient alors été chargés, une fois la séance levée, de rédiger le procès-verbal afin de le transmettre de suite au Conseil général, sans en avoir, par conséquent, soumis la rédaction à l'appréciation du Conseil réuni. De là l'explication, la clef de cet aveu sorti de la bouche même de bon nombre de Conseillers municipaux : mais on ne nous a point parlé de ces considérants; mais nous ne les connaissons nullement ; mais nous avouons que tout cela a été fait légèrement ; mais nous n'avons en aucune manière entendu parler de cette rédaction, ni été appelés à nous prononcer sur elle. — Voilà, ce semble, comment aurait été traitée cette importante question. A vous, lecteurs, de juger.

D. Quel motif le Conseil municipal invoque-t-il pour combattre cette seconde gare ?

R. Il prétend :

Que les intérêts de la ville et ceux des Compagnies réciproques seront compromis ;

Que le trafic sera paralysé ;

Qu'il y aura de fâcheuses complications pour le transport des voyageurs et le transbordement des marchandises ;

Que ce sera une cause d'éloignement pour **certains** voyageurs ;

Qu'il y aura une dépréciation dans les propriétés;

Enfin, qu'il retirera les 100,000 francs votés en 1868.

D. En présence de telles dispositions, qu'a fait la basse ville ?

R. Elle ne s'est point tenue pour battue ; elle a protesté avec beaucoup d'énergie contre de semblables arguments et contre une mesure qui la frappait si injustement.

D. Quels moyens a-t-elle employés? Et ont-ils réussi ?

R. Se réunir au plus tôt, organiser un comité, faire des réunions privées, élaborer un projet de pétition à M. le Préfet, provoquer enfin des assemblées générales pour étudier le tout et obtenir l'adhésion des intéressés, tels sont les divers moyens qui ont été employés et qui ont admirablement réussi.

D. Peut-on connaître cette pétition ?

R. Oui, la voici textuellement :

A M. LE PRÉFET D'EURE-ET-LOIR BRASSIER

CHEVALIER DE LA LÉGION D'HONNEUR

———

MONSIEUR LE PRÉFET,

Les soussignés, habitant spécialement la basse ville de Chartres, et tous les intéressés à une certaine distance, justement émus de la délibération du Conseil municipal de Chartres, du 22 février dernier, relative à la concession d'une ligne de chemin de fer d'Orléans à Rouen, se sont réunis en commun, à trois reprises différentes, pour protester de toutes leurs forces contre des **considérants** appelés, s'ils étaient appliqués, à paralyser pour toujours les principales branches commerciales d'une nombreuse et méritante population ;

Considérants — qu'il est mieux dans une pétition pure et simple de ne pas discuter un à un, mais dont la réfutation sera néanmoins sommairement et abondamment contenue dans les réflexions ci-dessous, que les soussignés ont l'honneur de soumettre à votre haute intelligence, Monsieur le Préfet, ainsi qu'à celle des membres de la Commission d'enquête.

Des considérants multiples émis par le Conseil municipal, il en est un, notamment, qu'il préfère à l'exclusion de tous autres, et vers lequel il fait tout converger.

C'est le premier, tendant à se rallier au premier tracé soumis jadis à l'enquête, tracé qui avait pour double effet et de confondre les deux voies sur un point quelconque de Lèves, et de construire une gare de marchandises non loin de la gare de l'Ouest.

D'après sa délibération, tous les autres considérants tendant à démontrer que les nouvelles études activement poursuivies en ce moment, à l'effet d'établir sur un point plus rapproché de la ville (entre le chemin n° 5 et la rue Saint-Barthélemy) une gare spéciale pour marchandises et voyageurs, doivent être impitoyablement rejetées et abandonnées.

Pour atteindre son but, le Conseil, partisan à coup sûr de la centralisation, aujourd'hui passée de mode ; oubliant, ce semble, qu'il n'est pas plus l'élu de la haute que de la basse ville, qu'il se doit par conséquent à tous, et que les subventions dont il dispose pour les améliorations à apporter proviennent non-seulement des revenus du riche, mais encore des sueurs du peuple ; paraissant beaucoup plus préoccupé des intérêts des Compagnies réciproques que des vrais intérêts de tous ses administrés ; s'effrayant outre mesure des obstacles, des embarras et des inconvénients qu'éprouveront parfois **certains** voyageurs (les soussignés notent en passant ce mot *certains*) ; le Conseil, sous l'empire de ces quelques difficultés, plus apparentes que réelles, et sans rechercher le mobile qui a dirigé son esprit, ne craint pas, toujours pour faire prévaloir son premier plan, de commettre des erreurs, d'énoncer des appréciations fausses, d'exagérer les faits, de compromettre un avenir sérieux, de sacrifier ouvertement le principal à l'accessoire, et par-dessus tout de menacer de retirer la subvention de 100,000 francs votée en 1868.

Ne serait-il pas facile de prouver jusqu'à l'évidence qu'il n'y a pas plus de passages à niveau dans le nouveau tracé que dans l'ancien ? En tout cas, n'y en aurait-il pas quelques-uns à modifier, à retrancher même, à regarder comme nuls, par exemple, ou à peu près ? Est-ce qu'il n'y aura point un pont à jeter dans la rue Saint-Barthélemy ? Cette même rue Saint-Barthélemy, la Croix-Thibault, le Pélican, sont-ce

des chemins vraiment fréquentés ? Oh ! nullement. Pour la
rue d'Ablis, en montant un peu plus haut, n'éviterait-on
pas un passage à niveau ? Est-ce bien exact que la rue
de la Barre-des-Prés doive être traversée ? Est-ce que
la disposition de la route impériale n° 10, à vrai dire très-
fréquentée, ne comporterait pas aisément la construction
d'un pont ? Mais, somme toute, n'y a-t-il pas quantité de
passages à niveau auprès et autour de beaucoup de villes ?
A-t-on, pour cette raison, laissé de construire des chemins
de fer ou d'adopter d'autres combinaisons ? Où a-t-on vu que
la circulation ait été arrêtée juste au delà du temps nécessaire ? Des accidents, c'est à peine si on en cite. Est-ce bien
sûr que les propriétés situées au delà de ces passages subi-
raient une dépréciation notable ? Le contraire ne pourrait-il
pas être surabondamment prouvé ?

Ce parcours supplémentaire de quatre kilomètres occa-
sionné pour ces trains de marchandises a-t-il toute sa raison
d'être, toute sa justification uniquement dans le dernier
tracé ? Serait-ce sérieux de penser que le trafic en général
souffrirait de cet état de choses ? Les inconvénients de la
gare projetée au Clos-l'Évêque ne seraient-ils pas compensés
par des avantages considérables ?

Est-ce que la basse ville et les faubourgs se plaindraient
de voir arriver toutes leurs marchandises presque chez eux,
à leur porte, *de plano*, plus rapidement et à beaucoup moins
de frais ? Est-ce rationnel de rechercher plutôt l'utilité des
étrangers que la sienne propre ? Que de points, en résumé, ne
paraissent pas difficiles en théorie et qui sont extrêmement simples en pratique ? N'arrive-t-on pas tous les jours à
tourner presque toutes les difficultés ? L'esprit chartrain
serait-il plus en retard que l'esprit des autres Français ? Ne
suffit-il pas de se poser toutes ces interrogations pour en
tirer aussitôt une solution favorable ? Et ceux-là qui sont fa-
miliarisés avec toutes ces questions ne les entrevoient-ils pas
sous un horizon plus vaste et sous un aspect plus souriant ?

Si le chemin de fer de Chartres à Melun par Etampes est décidé, ne sera-ce pas un motif de plus pour construire la gare à proximité de la basse ville ? L'endroit qui paraît d'ailleurs le plus convenable aux soussignés, qui atteindra mieux le but général, serait depuis la rue Saint-Barthélemy, suivant la rue d'Ablis, la Croix-Thibault, et en tournant les derrières jusqu'à la hauteur du chemin n° 5. Et, s'il leur est permis d'exprimer toute leur pensée, la gare où descendraient les voyageurs se rapprocherait le plus possible des portes Morard et Guillaume, en laissant pour la gare des marchandises ce qui resterait de terrain jusqu'au chemin n° 5.

Tel est le désir le plus ardent, tel est le vœu le plus énergique, telle est la demande la plus formelle que, d'une commune voix, les soussignés vous adressent de tout cœur, Monsieur le Préfet, ainsi qu'à la Commission d'enquête, que dans votre sagesse vous choisirez pour trancher en leur faveur cette importante question, oui, importante à tous égards, et voici pourquoi :

La basse ville renferme une population d'environ 7,000 âmes ; n'est-il pas de toute justice que, puisqu'elle apporte chaque année son tribut au budget commun, elle ait des droits égaux à ceux de la population de la haute ville. Que s'est-il passé cependant depuis trente à quarante ans ? Successivement la basse ville s'est vue délaissée par la faute des administrateurs locaux, préposés pourtant à la sauvegarde des intérêts de tous. La Porte-Guillaume, avec sa voisine, est devenue presque déserte ; on a rendu impraticable aux voitures les abords où venaient, tous les jours de marché, déverser dans ces parages un nombre considérable de clients et répandre partout la sève, la fécondité et la vie ; tout récemment encore, une foire considérable lui a été enlevée au profit de la ville haute. Il semble vraiment qu'on ait conspiré sa mort.

Aujourd'hui qu'une magnifique occasion se présente de ressaisir cette existence qui lui échappe, toute cette population, aux éléments si variés, se réveille du sommeil léthargique où elle se voyait forcément plongée, et redemande enfin à vivre d'une vie nouvelle. C'est la seule planche de salut qui lui reste, elle s'y cramponne avec l'instinct de la conservation. Se peut-il que satisfaction lui soit toujours refusée ?

La nouvelle gare, si elle se faisait de ce côté, serait évidemment pour tous les soussignés un bienfait incalculable, pour la ville entière une brillante idée, parce que bientôt les hauteurs de Saint-Eman s'aplaniraient, les alentours s'assainiraient et les voyageurs en passant seraient fiers d'aller un instant admirer les merveilles de la cathédrale. Qui ne voit du reste l'immense utilité de cette gare? Et pour les chefs d'une fonderie considérable, et pour tous les meuniers, les boulangers, les tanneurs, les corroyeurs, mégissiers, teinturiers, filateurs, tuiliers, marchands de laines, de bois, de chaux, de vins, de chiffons, de ferraille, et pour l'usine à gaz, pour la caserne, pour les industries de tous genres, en un mot, qui abondent dans cette partie de la ville, centre de toutes les principales productions !

L'heure de la résurrection a enfin sonné où la basse ville devra bientôt se vivifier à nouveau, sans préjudice aucun porté aux intérêts de la haute ville ; reconquérir sa prospérité et reprendre dans la cité chartraine sa place des temps passés.

Après tout, si c'est son espoir, c'est aussi son droit.

A vous, Monsieur le Préfet, de seconder cet élan spontané des soussignés, d'exaucer des vœux si légitimes, de triompher des résistances et des prétentions opposées, et de ne pas les laisser privés plus longtemps d'un héritage qui leur revient en propre.

De bon cœur, alors, ils diront tous merci au protecteur et au défenseur de leurs plus chers intérêts si sérieusement compromis.

Pleins de confiance en l'avenir, les soussignés se disent,

Monsieur le Préfet, avec un profond respect, vos très-humbles et très-obéissants serviteurs.

Les membres du Comité dirigeant :

MM.

Marmeau, négociant en laines, *Président.*

Roullier, juge. ⎫
Daguet, tanneur. ⎪
Buisson, propriétaire. ⎪
Amyot (Edouard), entre- ⎬ *Assesseurs.*
  preneur de bains. ⎪
Trousse, limonadier. ⎪
Amyot (Alphonse), épi- ⎭
  cier.

Hamert, commissaire priseur, *Trésorier.*

A.-J.-F. Desbonnet, Président de la Société de secours mutuels l'*Espérance, Secrétaire.*

D. Quel jugement portez-vous sur cette pétition ?

R. Elle est énergique, sentimentale et vraie.

D. Comment fut-elle accueillie en assemblée générale ?

R. Avec beaucoup d'entrain et force applaudissements.

D. A combien d'exemplaires a-t-elle été tirée ?

R. A onze cents.

D. N'y avait-il à ces assemblées générales que les habitants de la basse ville ?

R. Pardon, il y avait aussi chaque fois beaucoup

de négociants et de commerçants de la haute
ville.

D. Comment expliquer cela ?

R. Par la raison bien simple qu'une bonne partie
de la haute ville, les rues des Changes, Porte-
Cendreuse, Saint-Michel, de la Clouterie, de la Pie,
des Trois-Maillets, du Soleil-d'Or; les cloîtres Notre-
Dame, Saint-Martin ; les places Billard, Marceau
et leur voisinage, etc., etc., toute cette partie considérable a vu son commerce dépérir au fur et à
mesure que la basse ville dépérissait, et qu'elle le
verra se relever au fur et à mesure qu'elle se re-
lèvera. Voilà pourquoi et comment les intérêts de
l'une sont essentiellement liés aux intérêts de
l'autre.

D. Mais à combien évaluez-vous la population
de la ville ?

R. A dix-huit mille âmes environ.

D. Pour combien la basse ville peut-elle être
comprise dans ce chiffre ?

R. Sans exagération, pour la moitié, c'est-à-dire
neuf mille âmes. Car la basse ville peut être envi-
sagée dans cette question-ci sous un double rapport,
et topographiquement et commercialement. Sous
le rapport topographique, la basse ville aurait pour
limites le bas de la rue Porte-Cendreuse, faisant
jonction avec le haut des rues Saint-Père et des
Écuyers, l'église Saint-Aignan, je suppose, etc.
Sous le rapport commercial, elle s'étendrait à toute
la partie décrite plus haut et arriverait incontesta-

blement jusqu'à la cathédrale, soit par la rue des Changes, soit par la rue Saint-Éman, soit par les rues Muret et Chantault. C'est d'ailleurs ainsi que l'ont entendu tous les habitants compris dans cette partie de la haute ville, en s'empressant de signer la pétition qui leur a été offerte.

D. Que fut-il décidé au sujet de cette pétition ?

R. Qu'elle serait immédiatement présentée à domicile pour être signée et remise ensuite à M. le Préfet par les soins du Comité.

D. Avez-vous obtenu du succès ?

R. Un succès considérable en très-peu de temps.

D. La première assemblée générale n'a-t-elle pas été saisie d'un vœu à émettre au Conseil municipal pour le prier de revenir sur sa délibération du 22 février ?

R. Si fait, et ce vœu a été voté à l'unanimité.

D. Combien y a-t-il eu d'assemblées générales ?

R. Il y en a eu trois : les 1er, 6 et 13 mars.

D. Où se tenaient-elles ?

R. Chez M. le Président du Comité, qui, avec une bienveillance et un dévouement sans bornes, a mis chaque fois toute sa maison à la disposition de toute la basse ville.

D. Pour se réunir ainsi en masse, le Comité a-t-il été obligé de remplir les formalités légales ?

R. Nullement ; il se contentait tout simplement de prévenir M. le Commissaire en chef, qui, comprenant parfaitement la légitimité des intérêts à discuter, s'empressait d'accéder à ses désirs.

D. Pourriez-vous faire connaître le résultat de ces diverses assemblées ?

R. Je ne puis mieux le faire qu'en insérant ici les différents documents qui ont été adressés à M. le Maire et à M. le Préfet dans l'intervalle ou à la suite de ces assemblées.

Chartres, le lundi, 7 mars 1870.

A M. le Maire de Chartres et à MM. les membres du Conseil municipal.

Les soussignés, représentant le Comité récemment institué pour demander au nom de tous les intéressés qu'une gare de voyageurs et de marchandises soit construite dans la basse ville et le plus près possible des portes Morard et Guillaume, ont l'honneur de vous remettre, ainsi qu'ils l'ont déjà fait à M. le Préfet, puisqu'elle lui est directement adressée, un exemplaire de la présente pétition, actuellement en circulation, et approuvée d'une commune voix par deux assemblées générales.

Ils ont aussi l'honneur de vous informer que le dimanche 6 mars, à quatre heures du soir, dans une réunion publique tenue chez M. Marreau, négociant, rue du Pont-d'Iude, et à laquelle près de quatre cents personnes ont pris part, il a été voté à l'unanimité que les membres du Comité devraient eux-mêmes porter à M. le Maire, avec prière de le communiquer à la prochaine séance du Conseil municipal, le vœu le plus formel sur la **nécessité absolue** d'une gare aux abords de deux quartiers aujourd'hui si déshérités.

Confiant dans la justice distributive dont sait toujours s'inspirer un Conseil municipal dévoué aux intérêts de tous, l'assemblée tout entière vient, par l'intermédiaire de ses délégués, le prier, le conjurer d'examiner à nouveau cette importante et capitale question.

Et elle ne doute pas que, mieux informé et mû en outre par le généreux sentiment d'une impartiale équité, il ne revienne sur ces **considérants du 22 février**, qui, avec tant de raison, jettent la perturbation et l'inquiétude dans tous les esprits, en prévision des conséquences si redoutables qu'ils doivent entraîner après eux.

Dans l'attente de voir bientôt la prière et les vœux de tous exaucés, les soussignés se disent avec un profond respect, M. le Maire, vos très-humbles et très-obéissants serviteurs.

(Suivent les signatures du Comité.)

D. Par qui cette lettre a-t-elle été portée à M. le Maire ?

R. Par les membres du Comité.

D. Comment ce magistrat les a-t-il accueillis ?

R. Avec beaucoup de bonté et de bienveillance.

D. S'est-il, séance tenante, prononcé sur l'expression du vœu dont ils étaient porteurs ?

R. Dans la discussion qui s'est librement engagée, M. le Maire n'a pas hésité à promettre que satisfaction serait donnée aux habitants de la basse ville, surtout s'ils apportaient une pétition couverte d'un contingent respectable de signatures.

D. Qu'a répondu alors le Comité ?

R. Que la pétition était en circulation, que tout le monde la signait avec beaucoup d'empressement, et que les membres du Comité ne tarderaient pas à lui faire connaître le premier résultat.

D. Ce premier résultat ne se fit donc pas attendre ?

R. Nullement ; en quatre jours il y avait mille
huit cents signatures, comme on peut s'en con-
vaincre par la lettre ci-après envoyée le 10 mars
à M. le Maire.

Chartres, le 10 mars 1870.

*A M. le Maire de Chartres et à MM. les membres
du Conseil municipal.*

Les soussignés, membres du Comité institué à l'effet d'obtenir une gare dans la basse ville, désireux d'entrer dans la
pensée que vous avez bien voulu leur insinuer lors de leur
première audience, ont l'honneur de vous faire connaître que
le nombre des signatures recueillies du 6 au 10 mars inclusi-
vement, sans sortir de la ville, s'élève déjà à 1,800.

Cet accueil sympathique et spontané que la pétition rencontre partout démontre clairement la légitimité de la demande qu'elle contient.

Dans cette première manifestation, le Conseil municipal de
Chartres voudra y voir l'expression de la volonté bien comprise d'une nombreuse population qui ne demande qu'à
vivre.

Il pèsera, dans sa sagesse, la portée considérable de ce
résultat, en attendant qu'il devienne plus considérable encore, et il sera heureux de se joindre aux signataires de cette
pétition pour la défendre et l'appuyer de toutes ses forces.

Daignez, M. le Maire, accepter pour la prochaine séance
du Conseil ce renseignement de la part des soussignés, qui
se disent avec un profond respect, vos, etc.,

(*Suivent les signatures du Comité.*)

D. Cet élan devait-il s'arrêter là ?

R. Non ; il devait encore venir augmenter sensiblement le nombre de signatures.

D. Que fallait-il faire à la suite de ces adhésions si spontanées ?

R. Le Comité voulant profiter de la bonne disposition de tous les esprits, décida qu'une troisième assemblée générale aurait lieu immédiatement, c'est-à-dire le 13 mars, pour résumer les faits accomplis en si peu de temps.

D. Y avait-il beaucoup de monde à cette réunion?

R. Plus de quatre cents personnes étaient dans la salle, et autant qui, n'ayant pu entrer, allaient et venaient dans la cour de l'établissement.

D. Est-on parti satisfait ?

R. Extrêmement satisfait. Le récit des visites faites par les membres du Comité à M. le Préfet et à M. le Maire ; la pétition couverte en une seule semaine de près de 2,500 signatures, y compris celles de plusieurs communes voisines ; cet ensemble d'harmonie, de bonne volonté, d'activité, de zèle, de dévouement, tous ces efforts mis en commun impressionnèrent vivement cette imposante assemblée qui, fière d'elle-même, fit à plusieurs reprises retentir la salle de bravos et d'applaudissements prolongés.

D. Quelle était la conduite de cette autre partie de la **haute**, très-**haute** ville pendant que la basse ville revendiquait énergiquement pour elle une gare distincte de celle de l'Ouest ?

R. Elle dormait avec un œil ouvert.

D. Expliquez votre pensée.

R. Voici, voilà : un homme d'une médiocrité d'esprit incroyable, hypocrite raffiné, aurait dit l'illustre Bossuet, autant qu'étroit politique, sommeillait couché mollement sur son divan. Ennuyé, agacé, sans doute, du bruit qui se faisait autour de cette question de gare, au profit de la basse ville, et des résultats qui allaient croissant, de jour en jour, ce personnage aux trois quarts usé, miné par la goutte, fit un suprême effort sur lui-même et rédigea, contre le Comité de la basse ville, mais plus particulièrement contre M. **Desbonnet**, le secrétaire, un très-modeste chef-d'œuvre de littérature qu'il fit insérer dans le journal l'*Union agricole*, à la date du 17 mars, sous la signature mensongère de **Pierre Lefranc**.

D. Que fit alors le Comité ?

R. Le Comité, en face de ce genre d'attaque anonyme, résolut d'accorder à l'auteur de ce méchant article son plus profond mépris en se condamnant lui-même au plus profond silence, désireux de ne pas entamer une polémique qui n'aurait servi qu'aux adversaires de sa cause.

D. On ne lui répondit donc pas ?

R. Publiquement, non. Mais certains esprits, justement indignés contre cet écrivain pseudonyme, prirent plaisir à exercer à ses dépens leur verve et leur talent, et m'adressèrent particulièrement sur ce personnage clandestin, drôlatique, une quantité de lettres peu flatteuses pour lui, et dont je vais rapporter ici les plus saillantes, les plus originales, pour que le lecteur puisse juger avec connaissance de cause.

CORRESPONDANCE

PREMIÈRE LETTRE.

Chartres, le 10 mars 1870.

M. Deshonnet, secrétaire du Comité de la basse ville.

« Avez-vous lu dans le journal l'*Union agricole* une longue lettre signée Pierre Lefranc ? Je n'ai point de conseils à vous donner ; j'ignore ce que vous allez faire, mais à votre place je ne lui répondrais point du tout, et cela pour une bonne raison, c'est qu'il avoue lui-même être un pauvre homme, un homme peu lettré. Or, à quoi bon répondre à un homme presque idiot ? Il ne pourrait rien comprendre, conséquemment ce serait perdre votre temps. Voilà mon avis, monsieur Deshonnet ; cependant, vous savez ce que vous avez à faire, je viendrai vous voir demain ou après demain. En attendant, mille amitiés.

Chartres, le 19 mars 1870.

Mon cher Monsieur Desbonnet,

Après avoir causé hier avec vous de ce M. Pierre Lefranc,
qui se mêle d'attaquer le Comité de la basse ville, j'ai été à
la mairie demander qui était ce beau monsieur? On m'a répondu : « Connais pas. » J'ai été à la poste, on m'a répondu encore : « Connais pas. » J'ai été à l'hôpital, on m'a dit : « Connais
un peu, à moitié infirme, presque asmathique. » En me dirigeant
vers le tribunal, pour savoir enfin qui ça pouvait être, j'ai
rencontré non loin de là un vieil ami (j'en ai aussi des vieux
amis) qui m'a dit, en levant tant soit peu les yeux vers le
ciel : « Bah ! ce n'est pas Pierre Lefranc : son vrai nom, c'est
Pierre le menteur ; allez, ne troublez pas son sommeil ;
puisqu'il se dit étranger à la ville, qu'il avoue ingénûment
ne pas connaître les lieux, pourquoi le renseigner ? Pourquoi lui répliquer ? » Chut ! taisons-nous, dis-je à mon vieil
ami, car de l'endroit où nous sommes, il pourrait entendre
tout ce que nous disons, l'animal ! chut ! encore une fois !
chut ! chut !!!

Voilà, mon cher Desbonnet, mes quelques réflexions à ce
sujet, et tout à vous d'amitié.

Chartres, le 19 mars 1870.

A Monsieur Desbonnet à Chartres.

Je suppose bien que vous allez répondre à une lettre qui

vient de paraître dans le journal l'*Union agricole* contre
le Comité dirigeant de la basse ville ; je vous en prie, tancez-
le de première importance, cet insolent, ce lâche qui s'a-
brite sous un masque pour dire ce qu'il a à dire ; ne l'épar-
gnez pas, de grâce, et demandez lui de décliner son nom,
il doit être très-court ; assaisonnez-lui tout cela comme il
faut, ridiculisez-le, ce vieux mâtin, et vous ferez bien plaisir
à celui qui vous estime bien sincèrement.

QUATRIÈME LETTRE.

Chartres, le 19 mars 1870.

Monsieur Deshonnet rue Serpente, secrétaire du Comité
dans la basse ville.

Qu'en pensez-vous de cette lettre insérée dans l'*Union*
agricole contre nous, gens de la basse ville? J'avais donc
raison quand je vous prédisais qu'une lettre allait bientôt paraître sous un nom déguisé pour dépister les chercheurs. Je
le tenais d'une source certaine, la mèche a été vendue.
Aujourd'hui que cette lettre n'est plus un mystère, qu'elle
est du domaine public, on peut rire, d'une part, à cœur-joie de
ce bonhomme qui doit être, si j'en juge par son style pâle
et languissant, sur le déclin de la vie ; et s'étonner, d'autre
part, qu'un journal qui devrait être sérieux consente à insérer dans ses colonnes un article provocateur sous un faux
nom. Si vous deviez lui répondre, demandez-lui un peu
pourquoi il est si préoccupé de prendre la défense de ses
amis les Conseillers, comme aussi des intérêts de la ville,
puisqu'il est tout nouveau venu à Chartres. Peut-être appren-
drez-vous qu'il est plutôt près de partir... pour l'éternité,

voire même pour le royaume des taupes, où les rois, dit-on, sont aveugles. En tous cas, bien lui fasse, je ne lui souhaite pas de mal, mais je lui permettrai bien volontiers de ... filer avant moi.

En attendant le plaisir de vous voir, je vous autorise à faire de cette lettre tout ce vous voudrez.

Votre très-humble.

CINQUIÈME LETTRE.

Dimanche matin, 20 mars 1870.

Mon très-cher Desbonnet,

J'éprouve le besoin de respirer un peu, après avoir lu, dans le journal *l'Union agricole* du 17 mars, une lettre portant la signature de Pierre Lefranc — et de vous demander quel est ce malin, cet archimalin qui se permet de se traiter de pauvre homme, d'homme peu lettré, borné, ennuyeux, à la tête mal organisée, etc., etc.

Est-ce par modestie qu'il en agit de la sorte ? Faut-il lui décerner le prix Montyon pour ses rares vertus et son mâle courage? Faut-il lui accorder un brevet de capacité ou d'incapacité, une prime d'honneur, ou d'onze heures, et proclamer à la face de l'univers, du haut des tours de Notre-Dame, que le premier prix d'excellence a été mérité par l'élève Pierre Lefranc de Chartres, Eure-et-Loir. — A en juger par son style lourd et incorrect, il a dû toujours être le dernier dans les compositions ; mais on me souffle à l'oreille qu'ils n'étaient que deux dans sa classe, et on m'assure que quand il ne tenait pas la queue il tenait la tête. — Il paraît que c'était un phénix en son genre.

Je ne veux, mon cher Desbonnet, vous en dire davantage,

de peur de passer pour trop malin aussi, trop satirique et trop méchant. Après tout, n'est pas savant qui veut : il y aura toujours des ânes et des bourricots dans ce bas monde; plaise au ciel qu'il y ait toujours des chardons aussi pour qu'ils ne meurent point de faim !

Bien le bonsoir, mon très-cher Desbonnet.

SIXIÈME LETTRE.

M. Desbonnet, membre et secrétaire du Comité de la basse ville.

Nous venons de lire à plusieurs, dans l'*Union agricole*, une lettre sortie des ateliers d'un nommé Pierre Lefranc; non-seulement, nous avons beaucoup ri de lui, de ses bêtises, mais encore de ce vieil ami qu'il a rencontré si à propos du côté, sans doute, du Café de la pituite, et qui lui a raconté un tas de choses qu'il ne savait pas, pour les raconter à son tour publiquement. Ça doit être, nous sommes-nous dit, un bon perroquet, ce M. Pierre Lefranc, ce n'est pas possible autrement ou, à tout le moins, un homme du vieux temps, sorti peut-être ou de la cuisse de Jupiter, ou de la culotte du bon roi Dagobert; comptant sur ses doigts les virgules, les points et virgules, les points simples, les deux points, les points d'interrogation, d'exclamation et d'admiration. — C'est vraiment admirable! S'il n'est pas encore académicien, il est peut-être assez bon mathématicien; au besoin, il serait peut-être de force à faire l'addition suivante :

Deux et deux font cinq, je pose trois et je retiens un — à la bonne heure, très-bien; un bon point à mon gros Pierre pour son intelligence précoce. — Telles sont les réflexions que nous nous sommes faites tous ensemble sur ce polichi-

3

nelle n° 1, dont nous nous sommes moqués toute la journée.
Quand vous le verrez, M. le Secrétaire, nous vous prions de
ne pas nous rappeler à son souvenir, parce que depuis sa
lettre nous le considérons comme un lâche. Quand on a le
courage de citer par leurs noms les membres qui font partie
d'un Comité et de les attaquer, on devrait avoir le courage de
signer son véritable nom.

Nous vous serrons tous la main, M. Desbonnet, avec
beaucoup d'affection.

SEPTIÈME LETTRE.

Chartres, 22 mars 1870.

Bien cher M. Desbonnet,

Absent de Chartres depuis plusieurs jours, je viens, à mon
retour, de lire un très-long article dans le journal *l'Union
agricole*, avec le nom de Pierre Lefranc pour signature. J'ai
demandé qui ça pouvait être et personne n'a pu me répondre d'une manière satisfaisante. Les soupçons planent sur
un riche propriétaire, qui, en apparence, plus franc que les
autres, aurait consenti à se faire le porte-voix du Conseil municipal, sinon le juge, mais qui, honteux et confus de porter
un nom cher à Bacchus, a tenté de changer son nom
intarissable et s'est intitulé Pierre Lefranc, qu'il serait mieux,
je crois, de baptiser du nom de Pierre le Trembleur.

Et voilà que ce M. Pierre le Trembleur, pour attaquer,
ridiculiser le Comité organisé par vos soins, fait une longue
tartine sans beurre, sans graisse, peu coulante, saupoudrée
par-ci, par-là, d'une multitude de fautes grammaticales,
aspergée d'un bout à l'autre des conseils d'un vieux bonhomme, son ami, aveugle, bossu, perclus des jambes et de

la tête, tartine qui a amené le dégoût, la nausée dans toutes les bouches, et ce qui est pire encore, a provoqué, dit-on, le vomissement chez son auteur même, dès qu'il l'a eut avalée et dévorée. Pauvre Pierre, il a dû bien se battre les flancs pour mettre au monde un pareil article ! Bref, il a voulu montrer du courage et s'est écrié avec le poëte :

« Je me dévouerai donc, s'il le faut, mais je pense,
« Qu'il est bon que chacun s'accuse ainsi que moi. »

Sapristi ! oui, quel dévouement ! quel héroisme.

Voilà, cher M. Desbonnet, mon appréciation pure et simple sur ce personnage caché. On me dit que vous lui préparez une réponse spirituelle, piquante, sarcastique, il le mérite bien ; — dépêchez-vous donc, pour que je puisse la lire avant mon départ et en ressentir tout le plaisir que j'y attache par avance.

De cœur et d'amitié.

HUITIÈME LETTRE.

Chartres, 23 mars 1870.

Mon bien cher M. Desbonnet,

J'ai lu, comme vous l'avez très-probablement fait vous-même, une lettre de M. Pierre Lefranc, insérée dans un journal de la localité, lettre qui ne paraît pas très-favorable à la basse ville et au bas de laquelle il signe un nom qui n'est pas le sien. Comme je ne voudrais pas consacrer beaucoup de mon temps à ce vilain tartufe, j'ai tout de même composé quelques vers que je me permets de vous envoyer tels quels. Les voici, du reste :

Monsieur Pierre Lefranc,
Tu n'es pas du tout franc ;
Se cacher le visage,
Mon cher petit bonhomme,
De peur qu'on ne te nomme,
Oh ! qu' c'est lâche et poltron !
Allons ! allons, courage !
Et dis-nous ton vrai nom.

Ce nom est-il de bois,
Ou de marbre ou de pierre ?
Voyons mon pauvre Pierre,
Ne fais pas tant la mine.
De par devant la loi,
Veux-tu qu'on le décline ?

Ou bien ce pseudonyme,
Serait-il synonyme,
    De farceur,
    De menteur,
    De perfide,
    D'invalide,
    De coquin,
    De pantin,
    De bourrique,
    De rustique,
    De jobard,
    De cafard,
    De vipère,
    De faux frère,
    D'arlequin,
    De clampin,
    De paillasse,
    De cocasse,
    De Juda,
    De bêta,
    De comique,
    De cynique,

D'idiot,
De manchot,
De sauvage,
De volage,
De cornichon,
Ou de dindon ?

Voyons ! lève ton masque,
Mon pauvre petit vieux ;
Montre nous, tes beaux yeux
Perdus sous ton faux casque !

Je n'ai rien trouvé de plus flatteur à dire sur cet hypocrite ; ce qu'on pourra dire de lui ce sera toujours trop bien, m'est avis, car, avant tout, on doit signer son vrai nom. Si vous aviez occasion de le rencontrer, vous pouvez lui déclarer hautement que je l'enquiquine.

Au revoir mon cher M. Desbonnet.

NEUVIÈME LETTRE.

Chartres, 24 mars 1870.

A M. Desbonnet.

Je ne lis pas souvent *l'Union;* ses articles sont toujours par trop mal tournés ; hier soir cependant ce journal m'est tombé sous la main. — J'ai vu l'article de Pierre Lefranc contre les pétitionnaires de la gare de la basse ville ; — sous ce pseudonyme je devine qui c'est ; — dans l'étude où je travaillais on disait tout haut que c'était un véritable lâche, et chacun de s'en faire le juge. — Je vous avoue qu'il a passé un mauvais quart d'heure tout le temps qu'il a été sur la sellette, et tous ensemble nous l'avons condamné à être jeté, pieds et mains liés, dans les ténèbres extérieures, lisez inférieures, là où il y a, non pas des pleurs et des grincements de dents, mais des odeurs méphytiques, nauséabondes et insupportables. Je vous écris cela à la hâte et pardonnez mon griffonnage, mon cher Monsieur.

Au plaisir de vous revoir.

———

Mon cher Desbonnet,

Ouf! ma promesse va se réaliser — je viens de faire des vers ! — Je ne suis ni Gascon ni Normand, je me sens seulement un tout petit peu Auvergnat, oui, un tout petit peu, et vous le savez, l'enfant de l'Auvergne, l'enfant de la montagne, est gai par nature ; il chante, il chante toujours, et quand il a fini de chanter, il chante encore. — Figurez-vous qu'un beau matin, tandis que, pour respirer un peu les parfums de la violette, et contempler le ruisseau serpentant dans la vallée, j'errais le long d'une de nos plus belles collines, j'aperçus un vieillard vénérable qui venait là aussi interroger la nature et demander aux premiers rayons d'un soleil printanier quelques nouvelles forces physiques ; ce beau et respectable vieillard, aux cheveux blancs comme la neige, était le vieil ami de Pierre Lefranc. — Il me raconta à son tour la rencontre qu'il avait faite d'un Conseiller municipal de Chartres, et, profondément affligé, il me confessa qu'il s'était épuisé à lui faire comprendre, à lui faire entrer dans la caboche, que ce que demandait la basse ville était parfaitement juste, — mais que ce bon Pierre Lefranc, bête comme un âne, têtu comme un mulet, prétendait le contraire, avec l'intention pourtant bien arrêtée, quoi que je dise et fasse, de rendre publiques ses méchantes impressions sur ce point. — Je quittai ce charmant vieillard, et, indigné contre ce Pierre Lefranc dont j'avais lu l'article prosaïque, je pris ma plume pour le tanner, lui et les siens ; mais voilà qu'au lieu d'écrire en prose je me suis aperçu que c'était une chanson que j'avais bâclée. — Je vous l'envoie et faites la chanter si cela vous fait plaisir, elle est :

Sur l'air de : Bon voyage........ Messieurs........

REFRAIN :

Que dit-on ? ce chemin de fer
Veut se garer dans notre basse ville,
Pour nous quel désespoir amer,
Autant vaudrait aller chez Lucifer.

PREMIER COUPLET.

Accoutumés à leur ignoble bouc,
Voudraient-ils donc nous mettre à leur niveau ?
Allons ! hardi ! que chacun se dévoue
Et se rallie à notre haut drapeau !

Que dit-on ? etc.

2ᵉ COUPLET.

Quoi, du milieu de leurs maisons humides,
Ils font valoir leur fabrication ;
Ils sont furieux... mais nous sommes leurs guides,
N'abdiquons pas la domination.

Que dit-on ? etc.

3ᵉ COUPLET.

Par un chemin de ronde inextricable,
Ils enceindraient les quartiers fréquentés.
Nous qui voulons, avant tout, être aimables,
En dépit d'eux, soignons leurs intérêts.

Que dit-on ? etc.

4ᵉ COUPLET.

Près de deux mille cinq cents signatures,
Ah! c'est une belle majorité!
Que nous importe, après tout leurs allures,
N'avons-nous pas la supériorité?

    Que dit-on? etc.

5ᵉ COUPLET.

En vain cherchez à sortir de votre ombre,
Nous acceptons sans crainte vos combats;
Nous sommes peu, mais qu'importe le nombre?
Le Conseil meurt — mais il ne se rend pas.

    Que dit-on? etc,

6ᵉ COUPLET.

Ils oseraient, dans leur aveugle rage,
Faire fouler à nos pieds délicats
Ces vieux pavés, monuments d'un autre âge,
Qu'ils ont peine, eux, à fouler ici-bas.

    , Que dit-on? etc.

7ᵉ COUPLET.

Au bon vieux temps, on voyait à nos noces
Maints véhicules passés en horreur;
Nous qui craignons et les plaies et les bosses,
Ressuscitons les chaises à porteur.

    Que dit-on? etc.

8ᵉ COUPLET.

Avant! avant! ce cri de la jeunesse,
A nous vieillards, à nous de contenir;
Par trop d'élan, bien souvent on se blesse,
En reculant on brave l'avenir.

    Que dit-on? etc.

9ᵉ COUPLET.

Sur ce, croyez en notre expérience,
Et pour que tout parmi nous soit au mieux,
Nous déploierons toute notre science,
En attendant, dormez en paix, messieurs.

    Que dit-on? etc.

REFRAIN.

On verra ce bien en suspend
Nous revenir, ainsi que tous les autres,
    Agissons, c'est le vrai moment
Pour triompher, ah! grand Dieu, quel tourment!

              UN AUVERGNAT.

RÉFLEXIONS

Telle est, lecteurs, la correspondance que j'ai reçue en quelques jours à l'occasion de mon gros Pierre ; si ces différentes lettres sont de son goût, si elles lui plaisent, qu'il les lise, les relise, les apprenne par cœur, les fasse épeler, lire aussi à ses petits enfants, au besoin. Je lui en donne ma permission pleine et entière, et l'idée ne me viendra jamais à l'esprit d'apporter le moindre obstacle, la plus légère entrave au plaisir qu'il pourrait éprouver à la lecture de pièces aussi instructives qu'amusantes.

Seulement, si j'osais, je lui donnerais un conseil

et je lui dirais : Mon cher petit Pierre, écoutez-moi
bien; à l'avenir, je vous en prie, ne vous y frottez
plus ; soyez franc, véritablement franc, sachez toujours et quand même, lorsque vous griffonnerez
quelque méchant article dans un journal, avoir le
courage d'apposer votre vrai nom au bout ; ainsi
vous vous éviterez bien de ces ennuis, de ces sa-
tires, de ces petites tracasseries d'esprit par lesquels, à votre âge, il est bon de ne pas passer.

Tout cela sans rancune, mon cher petit Pierre,
et volontiers l'auteur de ces quelques réflexions
boit à votre bonne et meilleure santé.

D. Mais, avec tout cela, qu'est devenue la question de la gare ?

R. À partir de ce moment, l'horizon est moins
chargé, la situation paraît se modifier, les choses
se présentent sous un jour plus clair et vont bientôt prendre une tournure plus favorable ; on entend
répéter de toutes parts qu'une réaction, un revirement se produit dans l'esprit, dans les idées
de nos bons Conseillers et qu'ils vont transformer,
par une nouvelle délibération, la délibération du
22 février, dont, on se le rappelle, les considérants avaient tant alarmé la basse ville. Alors les
prévisions de M. Pierre Letrembleur pourraient
peut-être bien se réaliser dans un avenir peu éloi-

gné, à savoir : que ni lui ni ses collègues du
Conseil municipal ne s'opposeraient plus désormais à l'établissement d'une gare dans la basse
ville. Attendons pour voir si cette prophétie s'ac-
complira à la lettre, et si enfin les 2,500 signataires de la pétition pourront incessamment rece-
voir satisfaction et entonner un chant de victoire
et de reconnaissance. Plaise au ciel qu'il en soit
ainsi !

TROISIÈME PÉRIODE

D. A quelle date sommes-nous ? et que va-t-il se passer ?

R. Nous touchons au 24 mars. Quelques-uns de nos édiles sont plongés, absorbés dans le plus profond recueillement ; depuis plusieurs jours ils méditent dans le silence de la retraite une conception hors ligne, un acte solennel, une œuvre de justice et de réparation pour la basse ville, une délibération à nulle autre pareille. Enfin, l'heure a sonné, l'enfantement, quoique laborieux, est accompli. On court, on se presse, on se hâte le lendemain d'aller voir le nouveau-né, cet enfant de prédilection et d'amour, c'est-à-dire le procès-verbal de la séance du 24. Est-il trop bien entortillé dans les langes ? Je ne sais, mais impossible, pendant plusieurs jours, de la voir, cette intéressante créature, cette page si désirée. — C'est M. un tel, dit-on, qui l'a façonnée ; c'est M. un tel, du pavé de Bonneval, qui la recopie, mais malheureusement il est vif comme un chien de plomb et sait à peine la déchiffrer; c'est M. chose des petits blés, qui, entouré de ses moutons, la remanie et y glisse quelques lignes.... architecturales d'un style panaché ; c'est M. le bourgeois d'en face qui y ajoute aussi un mot, rien qu'un mot d'observation, — heureuse pièce ! comme elle se transforme ! c'est M. Machin qui, dans sa sagesse, ayant jugé que ce fameux procès-verbal essoufflé, échauffé d'avoir couru d'un coin à l'autre, et se trouvant sous l'empire d'une opiniâtre constipation, s'est vu obligé d'aller lui faire une visite avec son énorme seringue et de lui administrer quelque chose comme un bouillon pointu. Enfin, après six jours de patience et d'attente, cette délibération, paraissant irréprochable à nos bons Conseillers, se trouve, contre toute habitude, insérée dans les journaux de la localité, à la date du 31 mars. Et pour que le lecteur n'en ignore et puisse l'apprécier à sa guise et fantaisie, j'ai cru à propos de la rapporter ici en entier.

D. Mais auparavant voyons par qui le secrétaire est choisi et comment il doit rédiger un procès-verbal ?

R. Ordinairement le secrétaire est choisi à l'ouverture de la séance par tous les membres présents. Une fois investi de cette fonction, tout bon secrétaire doit, séance tenante, prendre des notes sur toutes les questions mises à l'ordre du jour ; et après la séance, de retour chez lui, coordonner, reproduire le plus exactement et le plus succinctement possible ce qui s'est dit et fait, puis venir à la séance suivante avec son travail ainsi rédigé, en donner lecture aux Conseillers présents, qu'aucun ne doit connaître auparavant et sur lequel chacun a le droit de soumettre ses observations, si la rédaction des faits, tels qu'ils ont dû se passer, ne lui paraît pas exactement reproduite.

C'est à la suite de cette lecture adoptée ou rectifiée que le texte du procès-verbal doit être respecté et devient obligatoire.

Il résulte donc clairement de ce qui précède qu'un procès-verbal doit être l'œuvre d'un seul, du secrétaire délégué *ad hoc*, et nullement une œuvre commune, faite en collaboration, se le passant de main en main comme celui-ci paraît l'avoir été.

CONSEIL MUNICIPAL DE CHARTRES

Séance du 24 mars 1870

Le Conseil municipal,

Vu la lettre en date du 21 mars dernier, par laquelle M. le Préfet d'Eure-et-Loir demande les observations et avis du Conseil municipal sur un projet d'établissement du chemin de fer d'intérêt local d'Orléans à Rouen aux abords de la ville de Chartres, avec gare au Clos-l'Évêque et raccordement à la gare de l'Ouest ;

Vu le plan général et le plan aux environs de Chartres, ainsi que le profil en long ;

Vu la délibération du 25 janvier 1870, par laquelle le Conseil, en prévision de la réunion dans une gare unique des deux Compagnies de l'Ouest et de Rouen à Orléans, avait demandé la création d'une gare à Saint-Chéron, dans l'intérêt de ce faubourg et de la ville basse de Chartres ;

Vu la délibération du 22 février 1870, par laquelle le Conseil proteste contre l'établissement d'une gare spéciale entre les faubourgs de la Porte-Guillaume et des Filles-Dieu, et base cette protestation sur ce que : 1° l'emplacement proposé pour la nouvelle gare serait plus éloigné de la majeure partie des habitants de la ville ; 2° les communications entre les deux lignes de fer qui doivent se croiser à Chartres deviendraient difficiles et onéreuses ; 3° enfin, la ville serait entourée d'une ceinture continue la séparant de ses faubourgs ;

Considérant que la ville de Chartres n'a nul intérêt à s'opposer à l'établissement d'une gare distincte, pourvu que la communication entre les deux lignes de fer soit facile, et que les habitants de la ville haute puissent prendre pour point de départ la gare de la rue Jean-de-Beauce, et que le chemin de fer de ceinture n'interrompe pas la communication entre la ville et ses faubourgs ;

Considérant qu'à ces conditions la construction d'une gare nouvelle dans les quartiers bas de la ville est au contraire désirable, à raison des avantages de toute nature que cet établissement peut procurer à ces quartiers ;

Considérant que le Conseil général d'Eure-et-Loir, dans sa dernière session, a voté la construction de plusieurs lignes d'intérêt local, et notamment d'une ligne de Chartres à Illiers et Brou, et qu'il y a lieu de se préoccuper dès à présent du mode de jonction de cette ligne, soit avec celle de l'Ouest, soit avec celle d'Orléans à Rouen ;

Considérant que le tracé nouveau présente sur celui antérieurement proposé l'avantage d'une abréviation de parcours, de Chartres à Voves de 4,264 mètres jusqu'à la gare projetée, et de 2,639 mètres jusqu'à la gare de l'Ouest, d'où résulterait une notable diminution du prix de transport entre Chartres et les diverses gares de la ligne d'Orléans,

Soumet à M. le Préfet d'Eure-et-Loir les observations suivantes sur les différents points du tracé proposé par la compagnie d'Orléans à Rouen, depuis la limite de la commune jusqu'à la jonction avec la ligne de l'Ouest :

1° Le Conseil ne s'oppose pas à la déviation proposée du chemin aux Ladres ;

2° Le chemin qualifié d'exploitation et tendant du hameau du Puits-Drouet à la route d'Angerville doit être maintenu au moyen d'un passage à niveau, ce chemin est très-utile aux habitants du Puits-Drouet ;

3° La hauteur sous poutre du chemin du Puits-Drouet à Chartres devra être de 4ᵐ 30 au moins, conformément à l'article 11 du cahier des charges de la compagnie. Le profil en long n'indique que 3ᵐ 79 ;

4° Le Conseil accepte la solution proposée pour le chemin des Rouliers.

5° Un passage à niveau traversant une route impériale au milieu d'une côte rapide est inadmissible ; il peut en résulter les plus graves accidents, soit pour les voitures lancées au trot, soit pour les voitures pesamment chargées, pour lesquelles le cheval de limon ne peut, sans succomber, attendre au repos dans les brancards le passage d'un train qui peut avoir éprouvé quelques minutes de retard. En outre, le profil en long suppose que la rue Saint-Barthélemy serait traversée en dessus par un pont métallique, le niveau du rail se trouvant à 2ᵐ 72 au-dessus du sol. Ces deux solutions sont inacceptables,

Le Conseil estime que la voie devrait s'infléchir de manière à se rapprocher du cimetière. Une étude dirigée en ce sens permettrait sans doute, pour la route impériale, de faire passer la voie en dessous ; la rue Saint-Barthélemy se trouverait traversée à niveau ;

6° La rue du Pont-d'Iude ne peut être supprimée sans

exciter les très-vives et très-légitimes réclamations du faubourg et du quartier de la Porte-Guillaume. Cette rue établit une communication indispensable entre ces quartiers, Saint-Chéron, et les routes d'Etampes et d'Ablis ;

7° Le plan soumis au Conseil ne paraît pas indiquer l'établissement d'une voie parallèle à la ligne de fer, entre la gare projetée et la route des Filles-Dieu. Cependant, la création de ce chemin paraît être au Conseil d'une extrême utilité, non-seulement à cause de ce faubourg, mais surtout en ce que ce chemin abrégerait de près d'un kilomètre l'accès de la gare pour une moitié de la ville de Chartres ;

8° La route des Filles-Dieu est coupée par un passage à niveau à une petite distance du pied d'une côte très rapide, et à un endroit où la pente est encore assez forte. Cette route est très fréquentée en tous temps, et notamment les jours de marchés de Chartres ou de Maintenon.

Deux solutions pourront être proposées pour arriver à la suppression de ce passage à niveau. Le Conseil demande qu'elles soient étudiées :

a. L'examen du profil en long démontre que, pour arriver à niveau au passage de la route de Chartres à Maintenon, le projet admet une pente de 0^m 01 sur 198 mètres, et qu'au delà de cette route, la voie remonte avec une inclinaison égale et contraire. La modification proposée consisterait à supprimer cette espèce de cuvette et à franchir la route au moyen d'un pont en dessus. Pour y arriver, il suffirait en quittant la gare de monter jusqu'à la route avec une rampe de 0^m 010 ou 0^m 012 millimètres au lieu de descendre de la même quantité. En outre, le sol de la route pourrait être abaissé sans inconvénient de 0^m 40 ou 0^m 50 centimètres.

Il est à remarquer que le prix des travaux d'art pour la traversée de la rivière ne se trouverait pas sensiblement augmenté par suite de cette modification, puisqu'à partir de la route de Maintenon le projet suppose pour arriver à ces ponts une rampe continue qui serait remplacée par un palier.

4

b. La seconde solution dont le Conseil demande l'étude, entraînerait une modification importante du tracé proposé. Au lieu de s'infléchir en sortant de la gare, la voie continuerait en ligne droite et traverserait la route de Maintenon en dessous, à 40 ou 50 mètres au delà de l'origine de la rue des Petites-Filles-Dieu, traverserait la vallée en rencontrant deux bras de rivière au lieu de trois, la rue de la Barre-des-Prés, par un pont en dessus, au delà du couvent de la Visitation, s'infléchirait pour traverser la route impériale en dessus, en deçà du couvent des Dames-Blanches, et se raccorderait facilement avec la gare de l'Ouest derrière le clos Saint-Jean.

9° Dans le cas où le tracé actuel serait maintenu, il est indispensable de conserver le passage des piétons dans la prairie entre les deux usines de M. Fontaine. C'est une voie de communication très-utile et très-fréquentée entre les deux faubourgs.

10° Par une délibération du 16 février 1865, approuvée par M. le préfet d'Eure-et-Loir le 25 avril suivant, le Conseil a adopté pour la rue de la Barre-des-Prés un plan d'alignement l'élargissant à 15 mètres, avec prolongement et percement en ligne droite jusqu'à la place Drouaise. Le travail d'élargissement a été commencé du côté de la prairie communale des Grands-Prés ; il n'a pas encore été entrepris pour la section voisine de la place Drouaise. La construction du chemin de fer rendrait ce percement impossible, si la Compagnie ne construisait dès maintenant, pour le passage de cette voie future, un pont à tablier métallique de 8 mètres d'ouverture. Le Conseil en demande formellement la construction.

11° Le profil en long indique le passage de la route impériale n° 10 au moyen d'un pont en dessus ; la hauteur du rail au-dessus du sol de la route promet, d'après le projet, devoir être de 4ᵐ 70, ce qui est certainement insuffisant pour une voie de cette importance. Le Conseil estime que la hauteur sous poutre devrait être supérieure à celle de l'arche du viaduc de Saint-Jean pour le passage de la route de Châteauneuf, qui est de 4ᵐ 90, et qui a été reconnue insuffisante à plusieurs reprises ; un pont plus élevé aurait d'ailleurs l'avantage d'adoucir la rampe de 0ᵐ 019 millimètres projetée pour le raccordement avec la gare de l'Ouest ;

12° Bifurcation du clos Saint-Jean.

Le Conseil, par les motifs développés dans sa délibération du 22 février dernier, s'oppose énergiquement à la construction de la voie projetée sous le chemin de l'Ouest, qui se dirigerait vers Châteauneuf par la vallée des Chèvres. Le Conseil a la conviction que, par ce moyen, l'embranchement de raccordement avec l'Ouest ne serait guère utilisé que pour le transbordement des wagons de marchandises d'une ligne à l'autre, et que la Compagnie d'Orléans à Rouen ne s'imposerait pas les frais onéreux d'exploitations nécessaires pour aller prendre ou déposer dans la gare de l'Ouest, à chacun de ses trains, les voyageurs de Chartres, qui préféreraient cette gare à cause de sa proximité, ou ceux qui voudraient passer d'une ligne à l'autre. Les intérêts des habitants de la ville haute ne doivent pas être sacrifiés plus que ceux de la ville basse ; le Conseil estime en outre que la ville a un intérêt de premier ordre à ce que le transit des marchandises et des voyageurs par Chartres soit autant que possible facilité. Ce but ne peut être atteint d'une manière certaine qu'autant que la gare de l'Ouest servirait de *gare de passage* à la ligne d'Orléans à Rouen, pour y prendre ou y déposer des voyageurs, ou des wagons de marchandises. Le Conseil demande donc que, comme dans le projet primitif, la ligne de Rouen se dirige vers Châteauneuf en traversant la gare de l'Ouest, pour se séparer de la ligne de Courville au delà du pont de Mainvilliers.

Et quoique le Conseil ne puisse faire entendre que les vœux de la ville de Chartres, il croit pouvoir affirmer que son avis à cet égard est partagé par les localités que la ligne transversale doit desservir, et sait que les populations de ces villes

s'émeuvent déjà d'un tracé qui serait loin de leur donner satisfaction si les trains de la ligne nouvelle ne stationnaient
pas au moins pendant quelques minutes dans la gare de
l'Ouest.

Le Conseil croit devoir insister d'autant plus à cet égard
que la délibération du Conseil général prévoit la construction d'une ligne de Chartres à Illiers et Brou.

Si la gare de l'Ouest ne servait pas de gare de passage aux
lignes départementales, le chemin d'Illiers, pour opérer sa
jonction avec la ligne d'Orléans à Rouen, devrait être dévié
par la vallée, et n'arriverait à Chartres qu'avec un parcours
supplémentaire d'au moins 7 ou 8 kilomètres, ce qui allon-
gerait de moitié, du tiers et de près d'un quart les distances.
de Chartres à Bailleau-le-Pin, à Illiers et à Brou, et augmen-
terait dans des proportions considérables les frais de transport. Le Conseil estime qu'un tel désavantage, avec les
difficultés du passage d'une ligne à l'autre, à Chartres, serait
de nature à détourner le trafic important de la ville et du
canton de Brou vers Bonneval, la ligne d'Orléans et le département de Seine-et-Oise, au grand détriment de la ville de
Chartres, et rendrait presque inutiles les sacrifices que le
département s'impose pour la construction de cette ligne
d'intérêt local.

Par ces motifs, le Conseil repousse énergiquement le projet
d'embranchement vers Châteauneuf par le ravin des Chèvres,
et prie M. le Préfet d'user de toute son influence pour que la
ligne d'Orléans à Rouen se dirige vers Châteauneuf après
avoir traversé la gare de l'Ouest.

D. Quel jugement peut-on porter sur cette troisième délibération ?

R. Elle peut être considérée dans son ensemble
comme un véritable chef-d'œuvre de replâtrage, de
raffinement et d'artifice, bien que le Conseil déclare,

après les formules ci-dessous indiquées, ne plus
s'opposer à l'établissement d'une gare dans la
basse ville, distincte de celle de l'Ouest.

« Vu la lettre de M. le Préfet en date du..., etc.

« Vu le plan général, etc.

« Vu la délibération du 25 janvier 1870, etc.

« Vu la délibération du 22 février 1870, etc. »

Pourquoi ne pas avoir déclaré ici :

« Vu le vœu des habitants de la basse ville,
en date du 6 mars ;

« Vu leur pétition couverte de 2,500 signatures ; »

Pourquoi n'avoir pas dit cela ? C'eût été infi-
niment plus équitable. — Est-ce par oubli,
par mauvais vouloir, par honte, par jalousie, ou
bien était-ce pour avoir tout le mérite du chan-
gement, des modifications qu'on avait l'air d'in-
troduire, qu'on en a agi de la sorte ? Et ne
pourrait-on pas ajouter que c'eût été plus parfait,
si cette déclaration n'eût été embarrassée d'une
foule de restrictions, de réticences et de conditions inacceptables?

D. Quels sont dans cette délibération les points
qui blessent le plus les intérêts de la basse ville ?

R. Ce sont moins ceux qui se rattachent aux
nombreuses modifications du tracé que celui où
il est dit formellement : que la gare de l'Ouest
devra servir de GARE DE PASSAGE à tous les trains
de la Compagnie d'Orléans, soit pour y prendre,
soit pour y déposer des voyageurs et des bagages.

D. Qu'est-ce que la basse ville a déduit de tout cela ?

R. Elle a compris de suite qu'on voulait lui dorer la pilule, la leurrer ; que ce qu'on lui présentait gracieusement d'une main, on se hâtait de le lui retirer de l'autre ; elle a compris encore que c'était pour elle *la Journée des Dupes*, et elle ne put s'y résoudre sans protester à sa manière.

De là les judicieuses réflexions de M. Boutillier sur cet acte municipal, réflexions tantôt ironiques, tantôt satiriques, mais toujours, pourtant, pleines de dignité, de finesse et d'à-propos, que tout le monde a comprises et qui ont dû être un cauchemar pour certains esprits peu habitués à la sincérité des mots, à la clarté et à la netteté des phrases.

Au surplus, pour que le lecteur puisse lui-même apprécier la valeur de cette lettre, il ne serait peut-être pas inutile de la rapporter ici telle qu'elle a été imprimée dans le journal de Chartres, sous la date du 3 mars :

Chartres, 2 avril 1870.

A Monsieur le Directeur du Journal de Chartres,

Les habitants de la basse ville de Chartres et de son voisinage vous remercieront sans doute de leur avoir fait connaître la délibération prise le 24 mars dernier, par le Conseil municipal de cette ville, et par laquelle il donne ses observations et avis sur un projet d'établissement du chemin de fer d'intérêt local d'Orléans à Rouen aux abords de la ville de Chartres ; ils n'en diront pas autant à messieurs du Conseil, qui, d'un bout à l'autre de cette délibération, ne cessent d'être hostiles à leurs intérêts et de les sacrifier en faveur de la haute ville, déjà en possession de tout le commerce.

Je n'arracherai pas les nombreux bâtons qu'ils fourrent dans les roues pour les enrayer, cela m'entraînerait loin et ferait un article trop long ; je m'attacherai seulement à quelques points, ceux qui m'ont le plus impressionné.

La gare de ce chemin, placée entre les faubourgs de la Porte-Guillaume et des Filles-Dieu, serait trop éloignée des habitants de la ville haute ; il faut que ces favorisés habitants puissent prendre pour point de départ la gare de la rue Jean-de-Beauce, et que le chemin de ceinture n'interrompe pas la communication entre la ville et ses faubourgs. Que la gare soit là ou ailleurs, les inconvénients résultant d'un chemin de fer n'en existeront pas moins par son seul passage.

Messieurs de la haute ville ne pourraient prendre le chemin de fer à une gare qui serait posée dans la basse ville. Est-ce que ceux de cette partie ne vont pas prendre le chemin de l'Ouest à la haute ville ? Pourquoi ne viendraient-ils pas à leur tour prendre celui de Rouen à la basse ?

Il faut de toute nécessité, disent MM. les Conseillers municipaux, que la ligne de Rouen passe dans la gare du chemin de fer de l'Ouest, pour y prendre ou y déposer des voyageurs ou des wagons de marchandises, et qu'elle suive son parcours pour se séparer au delà du pont de Mainvilliers. Il doit y avoir une communication, mais un passage, non. Je ne sache pas que la loi de l'expropriation donne à un chemin de fer quelconque le droit d'en exproprier un autre.

Le Conseil municipal, qui, sans aucun droit, s'oppose formellement au passage de la ligne de Rouen sous le chemin de la ligne de l'Ouest, par la vallée des Chèvres, veut la fusion de ces deux chemins avec une gare commune. Il insiste d'autant plus à cet égard, dit-il, que la construction d'une ligne de Chartres à Illiers et à Brou est prévue ; mais un chemin de fer, de Chartres à Étampes, n'est pas qu'en prévision, il est décidé et arrêté, et il paraît que sa construction est confiée ou donnée à la compagnie qui construit celui d'Orléans à Rouen. Ne doit-elle pas, au contraire, établir une gare particulière, unique et commune pour ces deux chemins ?

Les intérêts de la ville haute ne doivent pas être sacrifiés plus que ceux de la ville basse, disent MM. les Conseillers municipaux, qui oublient que ce sont les intérêts de ces derniers qui ont toujours été et qu'ils veulent encore sacrifier en faveur des premiers. Le faubourg Guillaume était en possession du passage de la route impériale n° 188 ; quatre ou cinq hôtels et auberges y existaient et étaient fréquentés par un grand nombre de voyageurs, alimentant le commerce de la basse ville. Cette route lui ayant été retirée, hôtels, auberges et voyageurs ont disparu, et le commerce de cette localité a considérablement diminué. La basse ville et le faubourg Saint-Chéron possédaient depuis un temps immémorial une importante foire qui leur a été récemment retirée pour la porter à la haute ville. Une occasion de placer dans leur voisinage une gare de chemin de fer, qui pourra faire revivre leur quartier, se présente : « Vous ne l'aurez pas, disent les Conseillers municipaux et leurs cohabitants de la ville haute ; nous avons tous les marchés, toutes les foires et la gare de l'Ouest, nous aurons encore celle du chemin de fer d'Orléans à Rouen ; tout pour nous, rien pour vous, habitants de la basse ville. » Est-ce là de la justice ? — Non, assurément non. — C'est le brandon de la discorde agité entre les populations de la basse et de la haute ville. C'est regrettable.

Veuillez, etc.

BOUTILLIER,
Propriétaire à Chartres.

D. A-t-on encore fait d'autres réflexions et porté de nouvelles appréciations ?

R. Oui; dans un numéro suivant, le Propriétaire même du Journal fit aussi quelques réflexions qui furent accueillies avec d'autant plus de joie, qu'il parle plus rarement et, en pareil cas, avec une prudence que je suis tenté d'appeler presque officielle. Voici, du reste, ses propres paroles :

« Une des préoccupations du moment, a dit
« M. Garnier, est celle de l'établissement, à Char-
« tres, de la gare qui devra desservir nos nou-
« velles voies ferrées. Déjà nous nous sommes
« fait l'écho des habitants de la basse ville qui
« revendiquent ce voisinage pour leurs quartiers.
« Leurs pétitions ont rencontré de vives sympa-
« thies, et **celui** que l'intérêt particulier ne domine
« pas dans cette question, ne peut s'empêcher de
« reconnaître que, si leur demande était accueillie,
« ce serait une juste réparation accordée à une
« notable partie de la population chartraine, qui,
« peu à peu, a vu disparaître des lieux qu'elle
« habite tous les éléments qui faisaient autrefois
« sa prospérité. »

Peut-on, lecteur, trouver un langage plus vrai que celui-là ? Peut-on mieux peindre en quelques lignes la situation actuelle ? Peut-on mieux fustiger ceux qui, avant tout et par-dessus tout, veulent défendre leur intérêt particulier à l'encontre des intérêts généraux ? Non, à coup sûr, non, mille fois non.

D. Sont-ce là toutes les réflexions ?

R. Non. Trois jours après, une autre lettre passablement sévère, signée d'un habitant de la basse ville, réfutait certains moyens d'exécution indiqués par le Conseil municipal et se terminait par cette affreuse boutade :

« Après tout, qu'est donc aujourd'hui le Con-
« seil municipal ? Soit dit sans intention bles-
« sante pour ceux qui en font partie, oserait-il
« se flatter de représenter fidèlement toute la po-
« pulation chartraine ? Près de 2,500 électeurs
« ne sont-ils pas là, prêts à protester encore ?

« Le Conseil aujourd'hui est un corps usé, ses
« jours sont comptés, à peine lui reste-t-il quel-
« ques mois d'existence.

« Cet agonisant, qui sent la vie lui échapper
« et qui n'en cherche que plus passionnément à
« se survivre par ses actes, a-t-il autorité suffi-
« sante et qualité morale (1) nécessaire pour se
« prononcer sur une question essentiellement
« d'avenir, et dont l'adoption ou le rejet, on ne
« saurait trop le répéter, sera un arrêt de vie ou
« de mort pour une notable partie de la popu-
« lation chartraine ? »

D. Est-ce tout ?

R. Non. Un amateur, que l'on peut certainement appeler ainsi, signant X, déclare hautement,
pour commencer, que ce serait un véritable dé-

(1) Le conseil municipal, qui se compose de vingt-sept membres, est réduit à vingt et un depuis quinze mois.

sastre, un malheur même pour la basse ville, si
elle n'obtenait pas sa gare ; seulement il finit mal
et très-mal son article, en concluant à la possi-
bilité d'une fusion complète, absolue entre les deux
gares, moyennant certaines conditions de célérité,
de sécurité et de concurrence dans le service.

Il est supposable que cet amateur doit avoir,
s'il n'en est pas le cousin, quelque affinité avec
Pierre le Trembleur ou son vieil ami dont j'ai
parlé plus haut. Il ne peut s'empêcher de laisser
percer le bout de l'oreille ; on voit que c'est un
de ceux qui veulent être pour la haute et la basse
ville tout à la fois ; il servirait bien deux maîtres
celui-là ; il aurait bien au besoin deux poids et
deux mesures ; et, favorisé du don de l'ubiquité,
il combattrait bien sous plusieurs drapeaux à la
fois ; on sent qu'il veut ménager la chèvre et le
chou ; quelle inconséquence ! Enfin chacun patauge
malheureusement à sa façon et se tire d'affaire
comme il peut.

Au surplus, quand on a été quelque chose dans
l'administration et qu'on s'est vu sèchement re-
mercié par les électeurs, on peut avoir raison
d'être froissé, agacé, irrité même, et le désir,
tout naturellement, de revenir aux affaires, d'essayer de remonter sur le chandelier, d'y briller
de quelque éclat encore, afin d'obtenir un orne-
ment à la boutonnière, qui, du reste, serait loin
d'être déplacé, en raison de précieux services
rendus.

Toutefois, si de semblables aspirations paraissent justes et légitimes, elles trouvent malheureusement leur condamnation et leur réprobation dans les moyens employés. Car, on a beau dire, la dignité de l'homme ne consiste pas à avoir la colonne vertébrale par trop flexible, à passer pour un bon clown, à se glisser, à ramper, à se faufiler de tous les côtés en même temps. Et celui-là n'est véritablement homme qu'autant qu'il reste ferme, inébranlable dans ses idées, dans ses convictions; mais s'il chancèle, s'il tergiverse, s'il aime les atermoiements, il passera toujours pour un faiseur, un farceur, on lui manquera de respect; et on le comparera volontiers à ces instruments mobiles placés sur le faîte de nos maisons pour indiquer par où souffle le vent et qu'on appelle en propres termes girouette.

Enfin, je passe, pour arriver à la seconde partie de l'article de ce fameux amateur.

Évidemment s'il considère comme un désastre, comme un malheur pour la basse ville, de n'avoir point de gare, ce ne sera ni la célérité, ni la sécurité, ni la concurrence, ni tous autres moyens présupposés des deux gares réunies qui lui apporteront, à elle basse ville, du pain au besoin, une nouvelle activité et une nouvelle prospérité commerciales. Et si je reprends le mot concurrence qu'il invoque, je lui répondrai que la concurrence n'existe véritablement entre deux établissements que quand ils sont séparés; mais,

du jour où ils se rapprochent, où ils se fusion-
nent, où ils mettent leurs efforts en commun, où
ils s'entendent, la concurrence cesse aussitôt.
Avant la fusion, avant l'association, avant l'entente, alors que deux gares sont rapprochées, on est
prévenant, aimable, plein de vigilance, d'attention
et de sollicitude pour bagages et voyageurs; au besoin, on consent même à manger de l'argent, à
s'imposer bien des sacrifices. — Après la fusion, au
contraire, on reste ou on devient revêche, exi-
geant, difficile — on ne consent plus à rien. —
Un seul exemple suffira comme démonstration :
Qu'une concurrence ait lieu entre deux adminis-
trations, entre deux négociants, je suppose, vous
verrez les prix baisser de suite, tomber même
quelquefois bien bas ; mais vous les verrez remonter aussitôt que l'entente sera décidée, réglée
entre les chefs de n'importe quelle administration.
Il ne faut pas être bien malin pour savoir cela.
Et pourtant des hommes ont l'air de l'ignorer,
et s'ils ne l'ignorent pas, ils préfèrent, pour le
plaisir sans doute de se réserver une poire pour
la soif, faire certaines concessions, voltiger de
branche en branche, voler de fleur en fleur, comme
le papillon, tomber de contradiction en contradiction, et tout cela au détriment de la sincérité,
de la franchise, de la saine logique et des prin-
cipes primordiaux qui seuls doivent inspirer toutes
les démarches, tous les actes d'un bon, loyal et
honnête citoyen.

D. Y a-t-il eu dans les journaux d'autres lettres traitant cette question de gare, et y a-t-on répondu?

R. Oui; chaque numéro de journal nous en rapportait; mais, en raison de leur peu d'importance ou de leur peu de dignité, nous croyons qu'il est parfaitement inutile d'en parler.

D. Du 13 mars, jour de la troisième réunion, jusqu'au 12 avril, que fait le Comité?

R. Il examine attentivement ce qui se passe; juge plus prudent, plus digne, d'éviter toute polémique en ne répondant pas aux critiques injustes dont il est parfois l'objet; fait, sans rien ébruiter, les démarches nécessaires à Paris et ailleurs; obtient plusieurs audiences de M. le Préfet, le prie de plaider chaudement la cause de la basse ville dans la session extraordinaire du Conseil général du 14 avril, reçoit chaque fois l'assurance que les vœux des pétitionnaires seront exaucés, et lui remet avec la pétition signée, la lettre suivante:

Chartres, le 12 avril 1870.

A Monsieur le Préfet d'Eure-et-Loir BRASSIER, *chevalier de la Légion d'honneur.*

MONSIEUR LE PRÉFET,

Le Comité organisé dans la basse ville de Chartres, en vue d'obtenir une gare aux abords des portes Morard et Guillaume, a l'honneur de vous remettre la pétition ci-annexée couverte, du 6 au 13 mars, d'environ deux mille cinq cents signatures, dont près de deux mille deux cent cinquante provenant de la ville même, et le reste de quelques communes voisines (1).

A ce monument d'une haute signification se trouvent jointes, adressées en temps voulu, au Conseil municipal, plusieurs lettres qui devaient le tenir au courant des résultats obtenus au fur et à mesure par le Comité dirigeant, et qu'il est, du reste, heureux de vous communiquer aussi, afin qu'elles n'échappent point à votre bienveillante attention, Monsieur le Préfet, persuadé que c'est de vous que la ville basse doit tout attendre désormais.

Daignez, etc.

Pour le Comité :

Le Secrétaire.
DESBONNET.

D. En quels termes le Comité s'est-il exprimé dans cette entrevue ?

R. Voici, d'une manière sommaire : Le 29 mars, jour où vous avez bien voulu, a-t-il dit à ce Magistrat, accorder une audience aux membres délégués du Comité de la basse ville, vous leur avez déclaré sans hésitation aucune que les 2,500 signatures dont ils étaient porteurs n'étaient pas nécessaires pour les besoins d'une cause toute gagnée ; qu'en tous cas ce serait aujourd'hui vouloir enfoncer une porte ouverte ; que l'enquête al-

---

(1) Les communes qui se sont empressées de répondre à l'appel des membres du Comité sont : Baudreville — Gommerville — Neuvy-en-Beauce — Levéville-la-Chenard — Gouillon — Chatenay.

lait s'ouvrir incessamment, qu'elle ne porterait d'ailleurs que sur les questions de détail, puisque de **la question de principe** semblait tranchée en faveur la basse ville, et enfin que le service de cette nouvelle gare serait, sauf un raccordement pour le transbordement des marchandises, complétement distinct du service de l'Ouest. Depuis, soit le surlendemain 31 mars, un événement considérable s'est produit, a-t-il ajouté, par l'apparition, contre toute habitude, dans les journaux de la localité, d'une récente délibération du Conseil municipal, événement qui émeut à nouveau les habitants de la basse ville, parce qu'il paraît avoir pour effet de leur accorder la gare d'une main et, de l'autre, de leur en retirer tous les avantages sur lesquels ils étaient en droit de compter.

En présence de cette délibération, la basse ville se demande ce qu'il y a à faire? Si la réponse qui sortira aujourd'hui de votre bouche, Monsieur le Préfet, est aussi affirmative que la première, elle sera rassurée et restera parfaitement tranquille. Si, au contraire, elle devait être négative ou seulement dubitative, elle se permettrait de protester à nouveau, parce qu'elle croit que ce qu'elle demande est essentiellement juste. Tel a été le langage tenu à M. le Préfet par les membres du Comité.

D. Quelle a été la réponse de M. le Préfet?

R. Elle a été aussi catégorique et aussi nette que la première. Il a déclaré franchement que la basse ville recevrait incessamment satisfaction

pleine et entière ; qu'il ne serait pas juste de lui
enlever cette occasion de se relever ; qu'il était
vrai que le courant des affaires en avait été depuis
longtemps détourné au profit de la haute ville ;
que le Conseil municipal le reconnaissait bien
aussi d'ailleurs, etc., etc.

D. Et l'emplacement de la gare a-t-il été agité
et précisé ?

R. Oui, et tout à fait dans le sens de la pétition.
M. le Préfet a affirmé qu'elle serait non point per-
due dans les champs, mais bien le plus rapprochée
possible des portes Morard et Guillaume. La pen-
sion dite des officiers, la suppression de la rue
Croix-Thibault, la propriété de M. Boutillier,
telles sont les indications précises qui ont été don-
nées, parce que de là deux débouchés se présentent
naturellement devant deux entrées de ville principales.

D. Le Comité s'est-il retiré content de cet en-
tretien ?

R. Parfaitement content, parce qu'il lui a paru
que le succès de la cause de la basse ville était
désormais assuré, et il s'en est allé en adressant
ses profonds remercîments à M. le Préfet.

D. Le Conseil général, dans sa session extraordinaire du 14 avril, a-t-il décidé quelque chose
pour ou contre cette question ?

R. Du compte rendu de ses travaux inséré au
journal, sous le titre VI, on lit :

« Une dernière résolution relative à la néces-

5

« sité du raccordement avec la gare de l'Ouest
« des lignes départementales qui se croisent à
« Chartres, a été votée sans objection. »

Rien autre chose ; un raccordement pur et simple a été voté, question très-accessoire, par conséquent ; d'où il paraîtrait résulter que la question
principale, la question de la gare n'avait plus à
être soulevée comme étant déjà résolue antérieurement.

D. A quelle date sommes-nous donc et que se
passe-t-il ?

R. Nous sommes au 19 avril et la haute ville
lance une contre-pétition.

D. De quelle fabrique est-elle sortie ?

R. De la fabrique Nicolle, Boutet, Delacroix
et Cie.

D. Comment ! Est-ce que ces Messieurs ne sont
pas Conseillers municipaux ?

R. Si fait, ils sont tous trois Conseillers municipaux ; une telle initiative vous étonne, n'est-ce
pas ?

D. En conscience, pouvaient-ils la prendre cette
initiative ?

R. Certes, non. Mais il y a des gens, malheureusement, pour qui la conscience est un vain mot ;
qui savent, avec un sans-gêne ridicule, fouler aux
pieds les règles les plus élémentaires des conve-
nances, du droit, de la justice ; qui sont dévorés
par l'esprit d'égoïsme ; qui veulent toujours tout
pour eux et rien pour les autres ; — moi, moi,

moi ! — Voilà leur dieu unique, comme une gare unique. Pourtant, on dit qu'ils ont été un peu victimes des menées de quelques autres. Ce serait naïf.

D. La conduite de ces bons Messieurs est-elle répréhensible ?

R. Oh ! oui, cent fois répréhensible, précisément en raison de leur qualité de Conseillers municipaux. En tous cas, je n'accepte pas la naïveté.

D. Et la basse ville en particulier que dit-elle ?

R. Elle est profondément indignée et dit tout haut qu'elle est trahie par ses propres mandataires.

D. A qui est adressée cette pétition ?

R. A M. le Préfet.

D. Comment est-elle rédigée ?

R. Elle est très-mal rédigée, parce qu'elle se préoccupe trop des intérêts de la haute ville au préjudice de ceux de la basse ville.

D. Que demande-t-elle ?

R. Elle demande formellement qu'il n'y ait point de gare dans la basse ville.

D. Quels résultats croyez-vous qu'elle obtienne ?

R. Je ne crois qu'à un résultat purement négatif ; car l'absolutisme, le radicalisme, l'exclusivisme, l'esprit de coterie ne peuvent rien en pareil cas. Et d'ailleurs, M. le Préfet a promis au Comité de la basse ville ; il ne saurait promettre à deux à la fois.

D. Sur quoi cette pétition s'appuie-t-elle ?

R. Elle s'appuie sur la fameuse délibération du 22 février, qui n'en est pour ainsi dire que la reproduction d'un bout à l'autre (revoir le texte, page 10). Et pour se donner plus de poids, plus de valeur, sans doute, elle s'appuie encore sur une fausse interprétation empruntée à une résolution du Conseil général de la session du 14 avril et citée plus haut.

D. A-t-on répondu à cette pétition, et comment?

R. Oui; pour éclairer les esprits toujours prompts à s'égarer et à s'alarmer, on y a répondu par deux articles, dans les journaux du 24 avril. — En rapprochant les passages les plus saillants des délibérations du Conseil municipal sur cette importante question ; en le mettant parfois en contradiction avec lui-même ; en faisant surtout ressortir l'odieuse conduite des promoteurs de la pétition ; en réfutant leur mauvaise interprétation relative à la récente résolution du Conseil général , et en déclarant que la basse ville a foi en l'avenir.

D. Voudriez-vous faire connaître ces deux articles insérés dans les journaux?

R. Je le veux bien. Voici celui qui a paru dans *l'Union agricole :*

Chartres, le 23 avril 1870.

A Monsieur Coudray, Directeur du journal L'Union agricole.

Monsieur ,

J'ose espérer que vous voudrez bien accueillir dans votre

journal les observations suivantes relatives au chemin de
fer d'Orléans à Rouen.

Je vous dirai que, confiants dans la parole de M. le Préfet
et dans notre bon droit, nous avons jusqu'ici laissé parler
les autres, sans nous mêler au débat.

Encouragés sans doute par notre silence, quelques marchands de Chartres et fabricants de la vallée (ces derniers
n'ont aucun intérêt à la question), viennent aujourd'hui chercher, un peu tard, il est vrai, à mettre obstacle au projet de
la compagnie d'Orléans, projet que nous appuyons.

Nous sommes surtout étonnés de voir figurer dans leurs
rangs trois conseillers municipaux, lesquels ont pris part
aux délibérations :

1° Du 25 janvier, où il est dit :

« Considérant qu'une gare à une extrémité opposée de la
ville a déjà causé un préjudice très-considérable aux quartiers Morard et Guillaume, en déplaçant, au profit de la
haute ville, une grande partie des industries et du commerce de ces quartiers, a causé une dépréciation très-
sensible dans la valeur des propriétés ;

« Considérant que les nombreux établissements qui restent
encore dans ces quartiers... *se verraient complétement
ruinés*, s'il n'était donné satisfaction à leurs intérêts par le
rapprochement et l'établissement d'une gare aux abords du
chemin de grande communication n° 188 ;

« Considérant qu'il est nécessaire que la gare soit placée le
plus près possible de la ville, etc... »

2° Du 24 mars, où il est dit :

« Considérant que la ville n'a nul intérêt à s'opposer à l'é-
tablissement d'une gare distincte, etc... ;

« Considérant qu'à ces conditions la construction d'une gare
dans la basse ville est au contraire désirable, etc... »

A la seule condition que les voyageurs de la haute ville,
pour Orléans ou Rouen puissent prendre le chemin de fer à
l'ancienne gare. Condition non sérieuse, car plus de la moitié

de la ville sera moins éloignée du faubourg Guillaume que de la rue Jean-de-Beauce.

Nous sommes donc étonnés, dis-je, de voir trois Conseillers venir aujourd'hui jeter le masque, et, après une délibération solennelle, rendue publique et approuvée par le corps entier, renier, on ne sait sous quelle influence, et leur opinion et celle de leurs collègues. Il me semble que, loyalement et pour agir en toute liberté, ils auraient dû déposer leur mandat.

Une observation encore : nous avons remarqué dans les signataires de leur pétition plusieurs ayant signé pour la basse ville. De quel poids peut donc être leur concours ?

Quant à la délibération du Conseil général, qu'ils essayent d'altérer, rétablissons-la. Il a voté pour la gare dans la basse ville, avec raccordement à la ligne de l'Ouest. Nous n'avons jamais demandé plus ; seulement nous tenons à l'avoir. Et, confiants dans la parole et la haute justice de M. le Préfet, nous resterons désormais tranquilles, à l'abri de l'opinion de la plus grande partie de la ville.

Recevez, Monsieur le Directeur, l'assurance de notre parfaite considération.

H. DAGUET.

Voici maintenant celui qui a paru dans le *Journal de Chartres* :

CHEMIN DE FER D'ORLÉANS A ROUEN

Sur la question de la Gare à Chartres

Chartres, le 23 avril 1870.

Monsieur le Directeur,

Pourquoi ne viendrais-je pas aussi parler de cette gare de

la basse ville, si débattue depuis trois mois, puisque vous accueillez avec tant de bienveillance, Monsieur le Directeur, tout ce qui s'y rattache ?

Résumons les faits : Le Conseil municipal a pris sur cette grave question trois délibérations : la première est du 25 janvier 1870, la deuxième du 22 février et la troisième du 24 mars.

Dans celle du 25 janvier, entre autres choses le Conseil s'exprime ainsi :

« Considérant que l'établissement de la gare du chemin de
« fer de l'Ouest à une extrémité presque opposée de la ville,
« a déjà causé un préjudice très-considérable aux quartiers
« situés près des portes Morard et Guillaume, en déplaçant
« au profit de la haute ville une grande partie des industries
« et du commerce que possédaient ces quartiers et en cau-
« sant une dépréciation très-sensible dans la valeur des pro-
« priétés. »

Après un autre considérant relatif aux transactions commerciales et conçu dans les termes aussi avantageux que le précédent, le Conseil déclare que toutes les industries encore existantes *se verraient complétement ruinées, s'il n'était donné satisfaction à leurs intérêts par l'établissement d'une gare aux abords de la basse ville.*

Voilà qui est clair, et certes le Conseil municipal ne pouvait pas mieux défendre qu'il ne l'a fait alors les intérêts de la basse ville si sérieusement compromis.

Toutefois, il ne devait pas persévérer dans cette voie de justice distributive. En effet, par une autre délibération du 22 février, il venait tout renverser et tout détruire en se prononçant formellement pour une gare unique. — C'était de sa part une contradiction.

La basse ville ne put l'accepter sans protester. De là cette pétition connue de tous, exprimant le vœu d'en appeler du Conseil mal informé au Conseil mieux informé, et couverte en une semaine de deux mille cinq cents signatures, ce qui

fait au moins neuf mille citoyens, c'est-à-dire la moitié de la
ville de Chartres.

C'est à la suite de ce vœu, porté à M. le Maire par le Comité
dirigeant, que le Conseil, en date du 24 mars, prend une
troisième délibération et statue, contrairement à celle du
22 février, mais conformément à celle du 25 janvier, « *que la*
« *ville de Chartres n'a nul intérêt à s'opposer à l'établisse-*
« *ment d'une gare distincte de celle de l'Ouest, et déclare*
« *en outre que, moyennant certaines conditions proposées,*
« *la construction d'une gare nouvelle dans les quartiers bas*
« *de la ville est au contraire désirable, à raison des avan-*
« *tages de* TOUTE NATURE *que cet établissement peut procurer*
« *à ces quartiers.* »

Voilà donc la *question de principe* parfaitement résolue
une seconde fois par nos édiles, à savoir : *la nécessité d'une
gare dans la basse ville.* — Or, si cette nécessité est à l'unanimité reconnue *vraie* le 25 janvier et le 24 mars, elle doit
encore être vraie aujourd'hui ; et il semblerait que tous ces
bâtons qu'on essaye de fourrer dans les roues et les objec-
tions qui fourmillent depuis quelque temps devraient et se
briser et tomber devant le texte si précis de ces diverses délibérations. Du reste, ami lecteur, en pesant attentivement
tout ce qui précède, vous conclurez forcément que le Conseil
municipal ne veut nullement la *ruine* de la basse ville, puisqu'il le déclare en propres termes, mais bien une gare à elle,
en raison *des avantages de* TOUTE NATURE qu'elle devra lui
procurer.

Pourtant cette gare nuira à certains intérêts, disent les
opposants : soit, que voulez-vous ? mais en revanche elle
profitera à un grand nombre d'autres. — Or, dans ce cas, il
ne faut pas que penser pour soi, il faut planer au-dessus des
personnalités et voir l'ensemble. — C'est ce que le Conseil
municipal a fait deux fois sur trois ; certes, il a été bien in-
spiré ces deux fois-là.

Mais comment expliquer aujourd'hui cette pétition dont

MM. Nicolle, Boutet et Delacroix, Conseillers municipaux, paraissent être les promoteurs? Ces messieurs auraient-ils oublié qu'ils sont les élus de la basse comme de la haute ville? Sous ce rapport alors ils représentent les intérêts de tous les électeurs. Or, en prenant une telle initiative, sont-ils bien dans leur rôle? Ne pourraient-ils pas être accusés de trahison? Car enfin s'acquittent ils de leur devoir conformément au mandat qui leur a été confié?

Un Conseiller municipal a voix, comme on dit, au chapitre, au conseil; c'est là qu'il doit agir; en dehors, et sous forme de pétition, logiquement parlant, il ne le peut, surtout si sa part d'action concourt directement à établir une division, un antagonisme réels entre des intérêts qui devraient toujours rester unis et qu'il est chargé, lui spécialement, de protéger au même titre. Avant de se livrer à un zèle aussi indiscret, ne serait-il pas mieux de donner publiquement sa démission? — Alors on n'encourrait aucun blâme, on ne compromettrait pas ses collègues, l'on ne s'exposerait pas à rendre solidaire de ses actes publics tout le corps auquel on appartient. Car enfin, de deux choses l'une : ou cette pétition est l'œuvre de tous les conseillers municipaux ou de quelques-uns seulement. — Si, ce qui n'est pas croyable, elle est l'œuvre de tous, elle est mauvaise — le silence ou la négation devront le prouver du reste. Si elle est l'œuvre de quelques-uns — elle est encore mauvaise, pour les raisons émises plus haut et d'autres que je passe.

Et de cette pétition, qui n'est que la reproduction textuelle de la délibération du 22 février, abandonnée le 24 mars, au profit de la basse ville, je n'en relèverai qu'un passage, parce qu'il contient et une contradiction et une grosse erreur. Voici ce passage :

« Le Conseil municipal de la ville de Chartres, par une dé-
« libération en date du 22 février dernier, appréciant dans sa
« sagesse et son impartialité les intérêts de la ville, a pro-
« testé de la manière la plus énergique contre l'établissement

« dans la basse ville d'une gare spéciale, en faisant ressortir
« les avantages incontestables qu'il y aurait à réunir cette
« gare à celle de l'Ouest, et le Conseil général d'Eure-et-
« Loir, dans sa dernière session, a émis, à l'unanimité, le
« vœu qu'il en fût ainsi. »

D'après ce paragraphe il résulte : 1° que le 22 février le
Conseil municipal a fait preuve *de sagesse* et *d'impartialité*
en protestant contre une gare dans la basse ville.

Ce même Conseil, selon vous, Messieurs du Conseil, n'a
donc point fait preuve de *sagesse* et *d'impartialité* dans les
délibérations des 25 janvier et 24 mars en se prononçant formellement en faveur d'une gare dans cette même basse ville?

Contradiction frappante qui retombe d'abord sur tout le
Conseil, ensuite sur les promoteurs de cette pétition, qui
avouent par les trois délibérations auxquelles ils ont participé
avoir donné deux fois au moins des preuves de cette sagesse et de cette impartialité (25 janvier et 24 mars) et en
avoir manqué une fois, le 22 février. — Or, si j'invoque cet
axiome : — *major pars trahit ad se minorem* — Messieurs
les promoteurs sont battus à plate couture,

D'après ce paragraphe il résulte : 2° que le Conseil général
aurait émis à l'unanimité le vœu qu'il n'y ait qu'une gare
unique,

Il est faux que le Conseil général se soit prononcé pour une
gare unique.

Voici ce qu'on lit dans ses travaux du 14 courant : — *Titre IV*. « Une dernière résolution relative à la nécessité du
« raccordement avec la gare de l'Ouest des lignes départe-
« mentales qui se croisent à Chartres, a été votée sans objec-
« tion. »

Est-il question du mot *fusion* ? Non. — Est-il question du
mot *raccordement* ? Oui.

Or, autre est une fusion — autre un raccordement. —
Une fusion : c'est la réunion de deux gares en une seule, où
tout arrive et d'où tout part. — Un raccordement indique, au

contraire, deux gares distinctes, mais dont les lignes confondent leurs voies sur un point quelconque pour faciliter le transport des voyageurs et le transbordement des marchandises qu'une Compagnie passe à une autre Compagnie. — Or, ce raccordement, ainsi entendu, n'a jamais été contesté par personne; et c'est ce qu'a voté le Conseil général — n'en déplaise à Messieurs les rédacteurs de la pétition d'en haut.

La basse ville tout entière est persuadée qu'on ne l'entendra jamais autrement; et bien que ses pulsations soient comptées aussi; elle ne mourra pas, — elle aura sa gare indépendante à l'endroit qu'elle a précisé; car elle a foi aux promesses si accentuées que M. le Préfet a daigné donner tout récemment aux membres du Comité lors de la remise entre ses mains des deux mille cinq cents signatures.

DESBONNET.

D. Ces articles ont-ils produit une impression favorable?

R. Oui, extrêmement favorable, aussi bien dans la basse que dans la haute ville en général, parce qu'ils étaient l'expression du droit, du bon sens, de la logique et de la vérité.

D. Les a-t-on laissés sans réponse?

R. Sans réponse directe, oui. Mais pour tâcher d'atténuer le bon effet qu'ils avaient produit, une plume encore, sous le pseudonyme, cette fois-ci, de Hy. Bonogure, a facilement trouvé l'hospitalité dans l'*Union agricole*, et voilà que cet écrivassier, sous forme de questionnaire, se permet d'injurier, de discréditer, de dénigrer, de chercher à diffamer même les membres du Comité de la basse ville, non moins honorables que lui certes.

D. Comment a-t-on fait justice de ces insinuations perfides contenues dans ce questionnaire?

R. On en a fait justice *publiquement* de deux manières :

1° Dans le *Journal de Chartres* du 28 avril : « Il suffira, dit M. Boutillier, en parlant de ce questionnaire, de le lire une seule fois pour être fixé sur la malice et même sur la méchanceté de son auteur. Qu'il sache, s'il l'ignore, que la profession, quelle qu'elle soit, n'exclut ni le mérite ni le talent ; qu'il sache aussi que la moquerie qu'il déverse sur tous et notamment sur le dernier personnage, M. Desbonnet, sera loin de produire le résultat qu'il en attend ; qu'au lieu de l'abaisser il pourrait bien le rehausser, car il défend une *cause juste*. »

2° Dans le journal l'*Union agricole* du 28 avril également, on lit ce qui suit:

L'an mil huit cent soixante-dix, le vingt-sept avril, onze heures du matin, à la requête de Monsieur Auguste-Joseph-François Desbonnet, demeurant à Chartres, rue Serpente,

J'ai, François-Lucien Bourgine, huissier audiencier près le tribunal civil de première instance de Chartres, demeurant à Chartres, place des Épars, 4, soussigné,

Dit et déclaré à M. Coudray, directeur-gérant du journal l'*Union agricole*, demeurant à Chartres, rue du Pilori, en son domicile, où étant et parlant à sa personne :

Que dans le numéro de l'*Union agricole* du vingt-quatre avril présent mois, M. Coudray, à l'occasion de l'établissement,

à Chartres, d'une gare devant desservir le chemin de fer
d'intérêt local d'Orléans à Rouen, a publié un article signé
du pseudonyme Sire Ily. Bonogure, et portant pour titre :
*Petit questionnaire à l'usage des gens du monde qui veu-
lent pétitionner sur l'emplacement à adopter pour l'établissement d'une gare;*

Que, dans cet article, et spécialement dans le chapitre
deux, intitulé : Des promoteurs et des signataires de la pétition, M. Desbonnet, bien que son nom ne soit pas indiqué,
est désigné d'une manière tellement claire comme secrétaire d'un Comité organisé à l'effet de pétitionner pour l'établissement d'une gare dans la basse ville, que tout lecteur
de *l'Union agricole* a pu facilement le reconnaître;

Que l'article dont s'agit contient, à l'égard de M. Desbonnet, des énonciations et des imputations diffamatoires dont
il entend poursuivre la répression tant contre l'auteur de
l'article que contre M. Coudray, directeur-général du journal;

Pourquoi j'ai fait sommation à M. Coudray de me déclarer quel est l'auteur de cet article ;

A quoi il m'a été déclaré par M. Coudray qu'il n'avait
aucune réponse à faire à la sommation qui précède.

Sommé de signer sa réponse, M. Coudray a refusé.

Et, en outre, j'ai fait sommation à M. Coudray d'insérer
et publier dans le numéro de demain, vingt-huit avril, du
journal *Union agricole :*

1° La lettre qui lui est adressée par M. Desbonnet, et qui
est ainsi conçue :

Chartres, le 27 avril 1870.

A Monsieur Coudray, gérant du journal L'UNION
AGRICOLE, *rue du Pilori, à Chartres.*

Monsieur,

Déjà vous avez, dans votre journal, employé contre moi

des expressions blessantes dont j'aurais pu demander raison publiquement. Je ne l'ai pas fait.

Aujourd'hui qu'il vous plaît, numéro du 24 avril, de les renouveler sous une signature inconnue et sous une forme plus blessante encore, je ne saurais les laisser passer sans vous en rendre responsable et sans en exiger réparation, parce que, 1° en ma qualité de Président de la Société de secours mutuels de l'*Espérance*, ces diverses imputations, faites évidemment avec l'intention de nuire, portent atteinte à ma considération personnelle ; et 2° en ma qualité de Secrétaire choisi par la basse ville, elles injurient les nombreux signataires de la pétition.

En attendant que justice me soit rendue, et sous toutes réserves, je veux user de mon droit en vous priant d'insérer dans votre numéro du 28 avril un article déjà connu d'une partie du public, afin que l'autre partie puisse juger sainement, et sans parti pris, comment je traite une question lorsqu'elle se présente sous ma plume.

C'est ma seule et unique réponse pour le moment.

Je vous salue, Monsieur le gérant.

Signé A.-J.-F. DESBONNET.

2° Et l'article énoncé en la lettre qui précède et qui a été remise à l'instant par moi, huissier, à M. Coudray ;

Déclarant à M. Coudray que, faute par lui d'insérer et de publier dans le numéro du vingt-huit de ce mois du journal de *l'Union agricole* la lettre et l'article susénoncés, M. Desbonnet se pourvoira ainsi que de droit ;

Et je lui ai, domicile et parlant comme dessus, laissé cette copie, ainsi que l'original de la lettre ci-dessus transcrite, et l'article qui y est énoncé, et dont l'insertion au journal *l'Union agricole* est demandée par M. Desbonnet (1).

BOURGINE.

D. Quel résultat a produit cette sommation ?

R. Elle a eu pour résultat de taquiner, de faire rager l'UNION, qui n'aime pas de reproduire les articles qui ont déjà paru dans le *Journal de Chartres*, puis d'effrayer ces quelques écrivassiers malveillants; de les réduire au silence le plus complet et, par contre, de venger, en la personne du Secrétaire du Comité, non-seulement tous les membres de ce même Comité, mais encore tous les signataires de la pétition qui, eux aussi, pouvaient se considérer comme lâchement attaqués.

D. N'y a-t-il pas eu une autre réponse?

R. Un membre du Comité, tanneur très-honorable, à qui ce Bonogure avait insolemment prêté l'intention de n'avoir accepté cette fonction que pour mieux **tanner** l'administration municipale, devait faire insérer dans le journal ces quelques lignes, aussi spirituelles que méchantes :

AVIS.

M. H. Daguet, tanneur, informe le public qu'il ne tanne que les peaux de bêtes; encore faut-il qu'elles soient de bon augure....

(1). Suit l'insertion de l'article tel qu'il a paru au *Journal de Chartres* et reproduit plus haut, page 70 et suiv.

— Qu'en dites-vous, lecteurs, est-elle rigolo celle-là.

D. Mais le reproche fait par les écrivassiers pseudonymes de l'*Union agricole*, en insinuant maintes fois que les membres du Comité de la basse ville ne se sont mis en avant que pour démolir à un moment donné le Conseil municipal et se substituer à sa place, est-il fondé ?

R. Non-seulement ce reproche n'est pas fondé, mais il est aussi injuste qu'immérité. Certes les adversaires du Comité, ces bons messieurs de la très-haute ville, auraient bien voulu lui voir incidemment agiter cette question de municipalité ; mais le Comité a eu assez de tact, assez d'adresse, de bon sens et de goût pour n'en dire jamais un mot, et n'y faire jamais la moindre allusion soit dans ses réunions particulières, soit dans ses réunions publiques, soit dans ses écrits. Sa devise était constamment celle-ci : — A chaque jour suffit son mal, et la question de la gare était à ses yeux assez importante, sans qu'il lui parût le moins du monde nécessaire d'empiéter sur un tout autre sujet, qui viendra à son tour, et qu'il n'aura point peur d'aborder franchement quand le moment sera venu.

N'étaient la méchanceté et la jalousie, pourquoi, du reste, prêter à ce Comité les intentions de démolir le Conseil municipal ? Ne l'est-il pas déjà assez démoli, assez démembré ? Sur vingt-sept Conseillers, neuf vont vraisemblablement manquer à l'ap-

pel lors des élections, il en manque déjà sept aujourd'hui; or, si la basse ville a quelque ambition
de remplacer les absents, elle aura déjà par là
de quoi se satisfaire sans éliminer personne; à
moins que l'appétit ne lui vienne en mangeant, et
qu'elle ne soit entraînée plus loin. En tous cas il ne
faut jurer de rien ; peut être que le peuple électeur
s'appliquera ces paroles quelque peu modifiées du
poëte :

« . . . . J'ai souvenance,
« Que dans un pré de Conseillers passant ;
« La faim, l'occasion, l'herbe tendre, et je pense,
« Quelque méchant diable aussi me poussant.
« Je tondis de ce pré la largeur de ma langue,
« J'en avais bien le droit, puisqu'il faut parler net. »

Peut-être, oui, viendra-t-il en masse tenir ce langage au risque de s'entendre traiter **de pelé, de
galeux,** etc., etc. Mais s'il réussit à faire sortir de
l'urne un contingent respectable d'hommes à lui,
les injures, les invectives ne l'ébranleront point, et
il ne verra dans son triomphe particulier que le
triomphe général.

D. Pourquoi le journal l'*Union* s'est-il toujours
déclaré l'adversaire d'une gare dans la basse ville?

R. Est-ce qu'on saurait le dire, pourquoi? C'est
sur ce point comme sur bien d'autres, il lui serait
difficile d'avoir une opinion fixe et bien arrêtée ;
qui sait si ce n'est pas une affaire de boutique ? Il
n'a d'ailleurs, de par lui-même, jamais su apporter

une bonne raison pour justifier son opposition, et toujours il a accueilli avec un empressement marqué tous les articles soit anonymes, soit pseudonymes qui se prononçaient contre. Pourtant, un jour, son fondateur, examinant cette question en courant, se prononce nettement pour *une gare unique* et fait des vœux pour que les Compagnies s'entendent ; puis, dans la supposition où les Compagnies ne s'entendraient pas, alors, dit-il, la basse ville aurait raison de la revendiquer pour elle. On n'est pas plus illogique et plus déplaisant envers une bonne partie de population qui vous a choisi pour son représentant au Conseil général.

D. La basse ville n'a-t-elle pas été surprise de ne pas se voir du tout appuyée par son Conseiller général qu'elle venait à peine d'élire ?

R. Très-surprise ; aussi elle se promet bien de ne plus voter pour lui les 11 et 12 juin prochain ; car du moment où il ne sait pas défendre les intérêts de ses électeurs, il fera bien de ne plus venir solliciter leurs suffrages, et ce sera justice de les lui refuser ; tant pis pour ses beaux yeux s'il fait **four sur four et s'il se noie dans le pétrin.**

D. Et M. Labiche, autre Conseiller général, qu'a-t-il fait pour la basse ville ?

R. M. Labiche n'a jamais pris la défense des intérêts de la basse ville, pas une seule fois ; on dit même qu'il a fortement combattu le projet d'une seconde gare ; mais, en revanche, il a songé à

Béville, à Béville, oui, même au grand détriment
des villages voisins; Béville, c'était son point
de mire. Faire passer le chemin de fer par Béville,
son cher petit Béville, très-bien; — carresser les
suffrages des habitants de la basse ville, passe! —
mais, demander une gare pour elle, allons donc!!
— Espérons que la basse ville tout entière aura
bonne mémoire et qu'elle s'en souviendra aux pro-
chaines élections des Députés s'il se représente.

D. Y a-t-il eu d'autres opposants?

R. Oh! oui. Il y a eu la plupart des Conseillers
municipaux dans ces derniers temps, mais plus
spécialement MM. Nicolle, Boutet et Delacroix, qui,
en se faisant les promoteurs d'une pétition dans
la haute ville pour une gare unique, ont déserté la
basse ville, manqué gravement à leur devoir; et,
partant, aucun habitant de la basse ville, ou tout
signataire de leur pétition, pour peu qu'il y réflé-
chisse, ne donnera sa voix à ces bons messieurs
lors des élections municipales qui auront lieu
prochainement.

D. En revanche, quels ont été les principaux
défenseurs de la basse ville?

R. Ses principaux défenseurs bien connus sont:
M. le Préfet; M. le Maire; M. Garnier, propriétaire du *Journal de Chartres*, qui non-seulement
s'est chargé lui-même de plaider la cause dans ses
colonnes, mais s'est toujours empressé d'insérer
tous les articles qui lui ont été envoyés sur cette
importante question; M. Boutillier, ancien notaire,

et enfin tous les membres du Comité dirigeant.

D. Qu'est-ce qui, au milieu de cette lutte, donne encore beaucoup de force aux pétitionnaires de la basse ville ?

R. Ce qui leur donne une force considérable, c'est qu'en demandant la gare là où ils la demandent, ils ne font qu'abonder dans le sens, dans le plan de la Compagnie devenue concessionnaire, qui désire, avant tout, garder son indépendance.

D. En résumé, les municipalités ont-elles été vraiment justes envers la basse ville depuis de longues années?

R. Nullement; on pourra facilement en juger par ce qui suit :

En 1847, la vieille route de Paris est détournée de la porte Guillaume ; la nouvelle, aujourd'hui route d'Ablis, à cause de son élévation, rend impraticable la rue du Pont-d'Inde, et empêche, paralyse dès ce moment les relations directes avec le faubourg Guillaume, malgré les nombreuses réclamations adressées par les habitants du quartier aux autorités compétentes pour rétablir ces relations, si injustement interrompues au préjudice de leurs intérêts. Ç'a été là le point de départ de tous les malheurs de la basse ville.

Bientôt se construit la gare de l'Ouest, à une extrémité opposée, contrairement à ce qui aurait dû être fait alors.

En 1849, on installe l'usine à gaz dans la basse ville, voisinage aussi peu agréable que désavanta-

geux pour elle, et l'administration aura soin de la
faire attendre quinze ans pour éclairer ses modestes
rues et ses humbles habitations.

Non loin de là s'élève également la machine hy-
draulique, bienfait immense pour la haute ville, à
n'en pas douter, mais qui devient presque un fléau
pour la basse ville à cause de ses gargouilles qui lui
ramènent des saletés et des détritus de toute nature.

Le 26 juillet 1855 la porte Guillaume, monument
artistique d'une valeur inconstestable, est à moitié
dévorée par les flammes, et c'est à peine, comme
pour insulter à son malheur, si on songe à la
réparer.

Faut-il débarrasser la haute ville de plusieurs
établissements de tolérance situés dans des quartiers de prédilection, on les implante au centre, au
cœur de la basse ville, où fourmille une jeunesse
inexpérimentée, une jeunesse avide de plaisirs, sans
s'inquiéter de ce que deviendront tant de jeunes
garçons, tant de jeunes filles avec toutes les pas-
sions de leur âge, dans une atmosphère aussi brû-
lante. Celui, du reste, qui a voulu voir dans cet
abîme, a vu bien des turpitudes, bien des scandales,
bien des désordres, bien des défaillances prématu-
rées, bien des vieillards de vingt ans. Il a vu peut-
être aussi bien des mères pleurer sur le triste sort
d'enfants bien-aimés.

Ce n'était point assez que tout cela pour la basse
ville ; un autre cadeau lui était encore réservé par

nos édiles : c'était la guillotine, j'ose à peine en prononcer le mot. Jadis les exécutions se faisaient dans
la haute ville; mais la haute ville n'aime pas voir
se dresser l'échafaud sous ses yeux délicats. Doré-
navant donc on dressera cet instrument terrible
dans la basse ville ; il faut bien enfin que rien ne lui
manque, il faut bien qu'elle devienne un objet d'op-
probre et d'ignominie. Triste moyen, hélas! d'in-
struire et de moraliser le peuple!

Enfin, dans ces derniers temps, il restait encore à
la basse ville un jour de fête, un jour de grand
commerce, un dernier vestige de prospérité — j'ai
nommé la foire de Saint-Barthélemy ; — mais elle
lui est enlevée encore au profit de la haute ville. —
Ainsi tout ce qu'on lui enlève est **précieux** et tout ce
qu'on lui donne est **détestable**. En ce moment
l'heure fatale paraît sonner pour elle, et plus que
jamais elle sent la vie lui échapper; un seul mot
peut la soustraire à la mort : qu'elle obtienne cette
gare tant sollicitée à proximité de ses portes, et
bientôt elle retrouvera une nouvelle énergie, une
nouvelle existence.

D. Ce n'est donc point ni la fatalité, ni cette force
d'impulsion, appelée progrès, qui ont précipité sa
ruine, comme quelques-uns voudraient bien le faire
croire ?

R. Évidemment non, car d'après tout ce qui précède il est clair comme le jour que la cause première
de ce dépérissement des affaires de la basse ville, de
cette dépréciation dans la valeur de ses propriétés,

est justifiée par le mauvais vouloir de l'administration municipale depuis de longues années, à l'endroit notamment de la porte Guillaume, qui s'est vue si injustement maltraitée.

Car on aura beau dire, ce n'est pas parce qu'on s'est décidé à arranger quelques-unes de ses rues et à les éclairer mieux que le mouvement des affaires renaîtra dans ses différents quartiers.

D. Alors ses réclamations sont légitimes ?

R. On ne peut plus légitimes. Eh quoi ! il n'y a pas si petite ville, si petit bourg, si petit village traversé par le chemin de fer qui ne cherche à avoir à sa proximité, soit une simple station, soit une gare pour développer son commerce; or, la basse ville, dont la population et le commerce sont de beaucoup supérieurs à la population et au commerce de bien d'autres petites villes qu'il est inutile de citer, ne viendrait pas réclamer pour elle le bénéfice d'une gare particulière ! Pourrait-elle voir d'un bon œil ou une fusion alors qu'elle se meurt, ou la construction d'une seconde gare à l'extrémité du Grand Faubourg, par exemple, pour favoriser soit les habitants de Lucé, soit des étrangers qui ne manqueraient pas d'affluer de ce côté ? Or, encore une fois, en bonne logique, en bonne justice, en bonne conscience, en droit, n'a-t-elle pas mille fois raison de soutenir, de défendre énergiquement ses intérêts, son industrie, son commerce, sa propriété, sa famille ? Elle sait parfaitement que si un jour elle venait à manquer de pain par suite d'une complète déviation dans toutes ses branches commerciales, ce ne serait ni le département dont le Conseil municipal s'est trop préoccupé, ni les villes voisines, ni les administrateurs des lignes fusionnées, ni la haute ville elle-même qui lui en distribuerait chaque matin. Conséquemment les habitants de la basse ville font bien dès maintenant de penser à eux, avant de penser aux autres, puisque les autres, le cas échéant, ne penseraient point à eux.

D. Somme toute, où en est l'affaire aujourd'hui ?

R. Après avoir eu alternativement différentes phases, pendant une période de deux mois, du 1er mars au 1er mai, elle se trouve aujourd'hui dans le *statu quo* le plus complet ; mais toute la basse ville est pleine d'espérance et elle attend, avec une parfaite et entière confiance, le moment de voir ses vœux exaucés.

CHAPITRE DES RECETTES ET DES DÉPENSES

D. Comment le Comité a-t-il paré aux dépenses qui ont dû être faites pour les besoins de cette cause ?

R. Au moyen de souscriptions volontaires.

D. A-t-il fait un sérieux appel pour avoir des fonds ?

R. Non ; en prévision que les dépenses ne s'élèveraient pas bien haut et ne voulant nullement thésauriser, le Comité a pensé que les premières souscriptions spontanément versées suffiraient grandement pour faire face aux dépenses, tout en se réservant d'accepter plus tard, si besoin était, celles qui lui étaient offertes de toutes parts.

D. A combien se sont élevées les recettes et les dépenses ?

R. Des comptes de M. le Trésorier, rendus le lundi 11 avril, aux membres du Comité réunis, il résulte :

Que les souscriptions reçues se montent à 193 francs ;

Celles promises et inscrites à 52 francs ;

Et les dépenses à 171 francs.

Voici, du reste, le tableau récapitulatif.

TABLEAU RÉCAPITULATIF

SOUSCRIPTIONS REÇUES.	
Amyot (Ed.)	5 francs.
Aumasson	5
Bonvallet.	5
Bonnard	10
Bourlier	5
Brault	10
Buisson	20
Charbouillat fils. .	5
Daguet.	10
Desbonnet	5
Deshayes.	5
Duc	1
Feuillet.	5
Gérard	5
Gouye	5
Habert	5
Heurtault (abbé) . .	5
Julienne	5
Lacroix.	5
Lecomte	5
Lepuis	5
Marreau	25
Maury	5
Mazurier	5
Neveu	5
Richard.	5
Savigny.	5
Thomas Gau	5
Trousse.	5
Tuffé.	5
Villard.	5
Total égal. . .	193 francs.

SOUSCRIPTIONS PROMISES ET INSCRITES.	
Caffin.	5 francs.
Vallée.	3
Brazon.	5
Amyot (Alp.) . . .	10
Macé Pavie	5
Charbouillat père .	5
Cabaret	5
Duroux	2
Colas	10
Mauger	5
Total égal . . .	52 francs.

DÉPENSES.	
Frais d'impression	116 90
Cahiers de pétition.	
Plan et séances générales. . .	
Colporteurs de la pétition. . .	50 »
Distributeurs de lettres. . . .	
Frais de correspondance . . .	4 50
Total. . . .	171 »

BALANCE.

Recettes.	193 »
Dépenses	171 »
Reste en caisse.	22 »

laissés à M. le Trésorier pour lui permettre de payer quelques dépenses faites pour la même cause, antérieurement à la formation du Comité dirigeant.

D. Qu'a décidé le Comité, après la reddition des comptes ?

R. Il a décidé qu'une lettre de remercîments serait adressée par M. le Secrétaire à tous les souscripteurs qui avaient, ou opéré leurs versements, ou souscrit, à cet effet, sur le registre de M. le Trésorier.

D. Que va-t-il, désormais, rester à faire aux membres du Comité ?

R. Pas grand'chose ; leur tâche paraît maintenant achevée ; aussi sont-ils disposés à attendre patiemment le couronnement de leurs désirs. Et, sur la proposition de M. le Président, le Comité est déclaré dissous.

CONCLUSION

Habitants de la basse ville, à qui ce modeste ouvrage était plus spécialement destiné, vous avez pu, maintenant que vous l'avez lu, vous rendre un compte exact de la nature des faits, de la manière dont votre cause a été plaidée, dont vos intérêts les plus chers ont été défendus.

Vous devrez vous souvenir un jour par qui ils ont été si passionnément combattus ; oui ! vous vous souviendrez que ceux-là qui auraient dû être vos défenseurs naturels, se sont ouvertement déclarés vos adversaires et vos ennemis. En conséquence, tâchez à l'avenir de bien vous entendre, de bien vous comprendre, c'est le meilleur conseil que je puisse vous donner ici ; vous le savez, le jour du combat est proche. Surtout, ne faites pas comme il y a cinq ans ; à l'époque, je voulais que vous fussiez représentés convenablement ; vous avez en partie rejeté tous les noms recommandables que j'avais proposés à votre choix ; vous n'avez pas songé que, privés de défenseurs, vous vous en repentiriez un jour ; c'est arrivé souvent, mais surtout dans le courant de cette année ; songez-y donc désormais ; je vous le répète, le jour du combat est proche ; groupez, réunissez vos forces, je vous en prie, car il est indispensable que vous trouviez au milieu de vous, parmi les honorables commerçants, industriels, producteurs et propriétaires, des Conseillers municipaux sages, intelligents, intègres, indépendants, dévoués surtout, qui sachent avec raison, fermeté, impartialité, modération et justice prendre énergiquement, quand besoin sera, la défense des intérêts de votre chère basse ville.

Paris. — Impr. Paul Dupont, rue Jean-Jacques-Rousseau, 41. (1976.5.79.)

www.ingramcontent.com/pod-product-compliance
Lightning Source LLC
Chambersburg PA
CBHW071522200326
41519CB00019B/6037